빈센트 반 고흐, 〈석고상이 있는 정물 Still Life with Plaster Statuette〉, 1887년

단단한 나를 만드는 고전 명화 필사 노트

단단한 나를 만드는 고전 명화 필사 노트

박은선 지음

문예춘추사

한 인간의 존재를 결정짓는 것은
그가 읽은 책과 그가 쓴 글이다.

—표도르 도스토옙스키

빈센트 반 고흐, 〈서양 협죽도와 책이 있는 정물 Oleanders and Books〉, 1888년

일러두기
1. 단행본은 『 』, 문학 작품은 「 」로 표기했습니다.
2. 미술 작품·영화·방송·곡명은 〈 〉로 표기했습니다.

프롤로그

나이가 들수록 마음도 단단해질 줄 알았습니다. 하지만 삶은 여전히 예측할 수 없었고, 크고 작은 파도에 휘청이며 자주 넘어졌어요. 다시 일어서는 것이 어른이라는 걸 알면서도, 때로는 좌절했고, 어리광을 부리며 무력감에 주저앉은 적도 많았습니다.

앞날이 막막할 때면 그림을 보거나 책을 펼칩니다. 오랜 세월 많은 사람들에게 사랑받아온 문장들 속에서 마음을 붙들어주는 말들을 수집합니다. 신기하게도, 그렇게 가슴에 남은 문장들은 어느 순간, 제 머릿속 어딘가에 켜켜이 쌓여 있던 명화의 한 장면과 겹칩니다.

『빨강 머리 앤』 속 앤이 "모퉁이를 돌면 멋진 일이 있을 거야."라고 말할 때면, 알폰스 무하의 〈봄〉이 떠오릅니다. 흐드러진 꽃잎과 햇살 아래로 걸어오는 소녀의 발걸음에 희망이 번져오는 장면이지요. 『인간 실격』 속 요조 모습에선 제임스 앙소르의 〈가면에 둘러싸인 자화상〉이 어둡게 스쳐갑니다. 외면 속에 숨겨진 고독과 들키고 싶지 않은 진심이 마치 가면 너머로 비치는 듯합니다. 보들레르가 『파리의 우울』에서 "멈추지 말고, 취하라!"라고 말할 때면, 모네의 〈수련〉 연작이 연상됩니다. 죽을 때까지도 수백 점의 수련을 그리며, 결코 가라앉지 않았던 그 물빛 위로 불타오르던 예술혼 말이지요.

이처럼 고전의 문장과 명화를 나란히 비추어 보면, 감성과 지성이 서서히 교감합니다. 미처 말로 옮기지 못했던 감정과 생각들이 떠오르고, 그 틈 사이로 나 자신이 조금씩 드러납니다. 문장을 따라 천천히 써내려가고, 그와 닮은 그림을 오래 바라보는 사이, 어지럽던 마음은 잔잔히 가라앉고, 얽혀 있던 걱정의 실타래도 스르르 풀리기 시작합니다. 풀지 못했던 문제의 해답을 하나둘 찾게 됩니다.

이 책에는 시간의 검증을 거친 명문장 100편과, 그에 어울리는 명화를 정성껏 엮었습니다. 오랜 세월 사람들의 마음에 머물러온 글과 그림은, 각기 다른 시대를 살아낸 이들의 목소리이자 정직한 숨결이지요. 문장 속에는 삶을 견디게 해준 작가의 통찰이, 그림 속에는 말 대신 흘러든 감정과 삶에 대한 시선이 은은하게 묻어 있습니다. 이러한 명문장과 명화를 엄선하여 '기쁨, 관계, 사회, 자연, 창조, 지혜, 고독, 시간, 꿈, 나'의 열 개 테마로 어른으로서 품격을 높여주는 삶의 조언을 실었습니다.

명문장을 따라 써보고, 그림을 오롯이 마주해보세요. 그러다 보면 마음 한 곳이 잔잔히 일렁일 것입니다. 그 파동은 잊고 지냈던 감정의 결을 다시 어루만져주고, 고여 있던 생각을 다시금 깨워줄 거예요. 그리고 마침내, 잠시 멈춰야 할 이유와 다시 걸어야 할 이유를 동시에 발견하게 될 것입니다.

『어른의 품격을 높이는 고전 명화 필사 노트』는 지성을 일깨우고 감성을 채우는 예술적 경험입니다. 하루 한 문장, 한 점의 그림, 한 편의 필사를 통해 삶에 대해 다시 사유할 수 있기를. 읽고, 쓰고, 바라보는 그 순간들 속에서 찬란한 오늘의 희망이 깃들기를 바랍니다. 바쁜 일상 속에서도 이 책이 건네는 한 조각의 위로를 따라, 자신만의 호흡으로 자연스럽게 당신의 삶을 걸어가시기를 진심으로 응원합니다.

차례

프롤로그 —— *007*

1. 곳곳에서 피어나는 꽃, 기쁨

모퉁이 돌아 만나는 희망 —— *017*
화려하지 않아도 특별하지 않아도 —— *019*
순간의 행복을 느끼며 —— *021*
아홉 번째 파도를 만났더라도 —— *023*
평범한 오늘의 찬란함 —— *025*
너그러운 마음을 쓸 때 —— *027*
진정한 쾌락을 찾아서 —— *029*
삶의 위로가 되는 어린 시절 추억 —— *031*
나에게 주는 크리스마스 선물 —— *033*
담백하고 정직한 삶이란 —— *035*

2. 가깝지도 멀지도 않은 선, 관계

네 모습을 보는 것만으로도 —— *039*
사랑이 피어나는 찰나 —— *041*
위대한 일도 잊게 하는 당신 —— *043*
신뢰를 주고받는 담백한 관계 —— *045*
어떻게 대접받느냐에 따라 —— *047*
괴짜가 판을 치는 세상에서 —— *049*
신비주의 전략 —— *051*
나를 단련시키는 관계 —— *053*
오만에 물들지 않도록 —— *055*
삶을 천국으로 만드는 법 —— *057*

3.
복잡한 듯
유려하게 흐르는 물결,
사회

노동의 숭고한 가치 —— *061*

얼굴 없는 얼굴들에 둘러싸여 —— *063*

작은 목소리의 진리를 들으며 —— *065*

양심이 말하는 대로 —— *067*

세상을 바라보는 척도 —— *069*

비록 세상이 나를 속일지라도 —— *071*

불평등에 맞서며 당당하게 —— *073*

비극과 희극 사이에서 —— *075*

생동하는 삶에서 발견하는 진가 —— *077*

기술 발전 너머의 인간다움 —— *079*

4.
생명을 안아주는
너른 품,
자연

평화를 선물하는 자연 —— *083*

인간의 몸에 깃든 질서로 —— *085*

고래에게서 배우는 삶의 자세 —— *087*

저마다의 자리에서 —— *089*

조화로운 존재로서의 아름다움 —— *091*

하늘에 근심을 흘려보내며 —— *093*

계절의 변화를 알아차리는 시선 —— *095*

사물을 대하는 안목 —— *097*

야성의 부름에 응답할 때 —— *099*

소유할 수 없는 푸른 꽃 —— *101*

5.
상상 너머 반짝이는 불꽃, 창조

실제보다 더 생생한 꿈에서 —— 105
취하는 것의 미학 —— 107
나를 넘어, 또 다른 나 —— 109
아름다움을 발견하는 눈 —— 111
예술이 되는 일상의 순간들 —— 113
안 되면 다른 방법으로 —— 115
생명력 넘치게 살아가는 법 —— 117
잔잔한 일상이 한 편의 시가 되어 —— 119
이 세상 단 하나의 아름다움 —— 121
여백이 허락하는 풍부함 —— 123

6.
삶의 결을 따라 쌓이는 빛, 지혜

욕망의 끝에서 흔들리는 —— 127
마음의 소리에 기대어 —— 129
험난한 세상에서 착하지만 않도록 —— 131
무엇보다 자신을 믿고 —— 133
자기 소임을 다한다는 것 —— 135
거품 같은 삶을 살아가며 —— 137
완전히 객관적인 것은 없다는 것을 —— 139
평화가 유지되는 이유 —— 141
나의 말은 번져나가 —— 143
정답 없는 인생을 풀어가며 —— 145

7.
영혼이
숨을 고르는 방,
고독

끝까지 품어야 할 마음 —— *149*

나만의 작은 새를 찾아 —— *151*

내가 가고 싶은 곳으로 —— *153*

내가 마주한 길 —— *155*

나를 감각하는 법을 배우며 —— *157*

고요한 나만의 풍경 속에서 —— *159*

평안 안에 숨겨진 슬픔 —— *161*

나의 가장 잔인한 적 —— *163*

내 안의 마음을 다스리며 —— *165*

빛과 그림자 사이에서 —— *167*

8.
찰나 속에 머무는
깊은 호흡,
시간

검은 시계의 응시 —— *171*

시간의 강 위에서 —— *173*

매 순간을 새롭게 바라보며 —— *175*

내 인생의 봄, 여름, 가을, 겨울 —— *177*

영원한 현재 속에서 —— *179*

생의 끝을 기억하며 —— *181*

반짝이는 순간의 함정 —— *183*

되돌아보는 마음, 다가오는 내일 —— *185*

깊고도 단단한 마음은 —— *187*

매일 매일을 채우는 힘으로 —— *189*

9.
나를 키우며 걷는 길, 꿈

자유를 지키기 위해서라면 —— *193*
세계를 여행하는 단 하나의 이유 —— *195*
신중함이 이끄는 열정 —— *197*
꿈의 연주는 계속되어야 —— *199*
가시에 찔려도 향기로운 꿈 —— *201*
다시 돋을 날개를 기다리며 —— *203*
그저 앞으로, 앞으로 —— *205*
인생의 주인으로 살아가는 것 —— *207*
내일을 꽃피우는 오늘 —— *209*
다시 일어나고, 다시 도약하고 —— *211*

10.
소우주를 오롯이 담은 그릇, 나

가면에 둘러싸여 살아가는 —— *215*
사랑이 머무는 나의 얼굴 —— *217*
씩씩하게 우아하게 —— *219*
조각난 얼굴들을 마주하며 —— *221*
우월함을 장착하는 법 —— *223*
아프면서도 행복한 나날 —— *225*
있는 그대로의 나를 바라보며 —— *227*
두 얼굴 속의 진실 —— *229*
먼저 나로 살고자 할 때 —— *231*
나만의 방식으로, 나만의 리듬으로 —— *233*

작품 목록 —— *234*

01

곳곳에서 피어나는 꽃, 기쁨

01 루시 모드 몽고메리, 『빨강 머리 앤』

앞으로 펼쳐진 미래가 마치 곧고 긴 길처럼 느껴졌어요.
하지만 길을 따라가다 보면 어느새 모퉁이에 다다르게 되고,
모퉁이를 돌면 무엇이 기다리고 있을지 알 수 없죠.
그래도 전 거기에 멋진 일이 있을 거라고 믿어요!
생각만 해도 가슴이 벅차올라요!

알폰스 무하, 〈봄 Spring〉, 1896년

모퉁이 돌아 만나는 희망

아무리 힘든 길 끝에도 희망은 피어납니다. 무하의 그림 속 소녀는 앤을 닮았습니다. 부드러운 햇살 아래 소녀는 꽃망울이 틔는 찰나의 순간에 길모퉁이를 돌고 있어요. 사뿐히 내딛는 발걸음에 설렘이 가득해요. 봄은 희망으로 가득합니다.

02 루이자 메이 올콧, 『작은 아씨들』

하루하루를 충실히, 즐겁게 살아가렴.
일과 휴식 사이의 균형을 잘 맞춘다면
시간이 얼마나 귀한지 자연스럽게 깨닫게 될 거야.
그래야 젊은 날을 의미 있게 보내고,
훗날 돌아봤을 때 아쉬움이 덜하겠지.
나는 너희들이 부유하진 않더라도
아름다운 인생을 살기를 바란단다.

오귀스트 르누아르, 〈보트 파티에서의 오찬 Luncheon of the Boating Party〉, 1881년

화려하지 않아도 특별하지 않아도

행복은 일상에 있습니다. 화려하지 않아도, 특별하지 않아도 오늘이 선물입니다.

03 진 웹스터, 『키다리 아저씨』

사람들은 그냥 평범하게 사는 게 얼마나 행복한지 잘 몰라요.
그래서 인생을 사는 대신, 경쟁하듯 달리기만 해요.
그러다가 지쳐버릴 뿐인데 말이죠.
아저씨, 저는 순간순간마다 최대한으로 행복을 느끼며 살 거예요!

호아킨 소로야, 〈해변의 아이들 *Children at the Beach*〉, 1899년

순간의 행복을 느끼며

누가 더 빨리 달리는 게 아닌, 그저 기쁨에 가득 차 물장구를 쳤던 때를 기억합니다. 이기고 지는 건 중요하지 않았어요. 바람과 파도, 햇살과 웃음이 친구가 되었던 그때, 청량한 행복을 만끽했습니다.

04 이광수, 『무정』

어둡던 세상이 평생 어두울 것이 아니요,
무정하던 세상이 평생 무정할 것이 아니다.
우리는 우리 힘으로 밝게 하고 유정하게 하고
즐겁게 하고 가멸게 하고
굳세게 할 것이로다.

이반 아이바조프스키, 〈아홉 번째 파도 The Ninth Wave〉, 1850년

아홉 번째 파도를 만났더라도

세상이 무정하게 느껴질 때가 있습니다. 끝없는 바다 위, 난파선의 잔해를 붙잡고 떠다니는 듯한 기분. 파도는 끊임없이 밀려오고, 마침내 가장 거세다는 아홉 번째 파도에 맞섭니다. 희망을 잃지 말아요. 저 멀리 수평선 너머로 붉은 태양이 떠오릅니다.

05 홍자성, 『채근담』

그저 흔한 식사 한 끼와
별다를 것 없는 평범한 일상 속에
인생의 본질적인 평온과 안락함이 스며들어 있다.

모리스 드니, 〈아침 식사 Breakfast〉, 1901년

평범한 오늘의 찬란함

걱정 없이 눈을 뜨고, 평소처럼 아침을 먹고, 제시간에 일터로 나서는 것. 아무 일 없이 흘러가는 하루가, 어쩌면 가장 반짝이는 보물인지도 모르겠습니다. 오늘도 평범하게 지낼 수 있음에 감사합니다.

06 정약용,『목민심서』

대저 사소한 실수나 잘못은 때론 모른 척 넘기는 게 맞다.
모든 것을 낱낱이 밝혀내려는 태도는 진정한 분별이 아니다.

미켈란젤로 메리시 다 카라바조, 〈과일 바구니 Basket of Fruit〉, 1595년경

너그러운 마음을 쓸 때

탐스러운 과일도 자세히 보면 흠 하나쯤은 있기 마련이지요. 완벽한 사람이 어디 있겠어요. 나의 작은 실수도, 타인의 사소한 허물도 너그러이 감싸안는다면, 우리 삶은 한층 더 넉넉해질 거예요.

07 에피쿠로스, 『에피쿠로스 쾌락』

사려 깊음, 아름다움, 정의로움이
결여된 삶은 쾌락의 삶이라 할 수 없다.
그리고 쾌락의 삶이 없다면
이 세 가지 덕목도 온전히 실현되지 않는다.
예컨대 삶이 아름답고 정의로울지라도,
만일 사려 깊음이 빠진다면 그것은 온전한 쾌락의 삶이 아니다.

존 싱어 사전트, 〈카네이션, 백합, 백합, 장미 Carnation, Lily, Lily, Rose〉, 1885~1886년

진정한 쾌락을 찾아서

백합 정원의 두 소녀는 고요하게 연등을 밝힙니다. 꽃들에 싸여 유난을 떨지 않고 섬세한 손끝에서 절제된 기쁨을 보여줍니다. 그 순간, 즐거움은 한 겹 한 겹 밀도를 더합니다.

08 표도르 도스토옙스키, 『카라마조프 가의 형제들』

아이가 살아가면서, 어린 시절 가족과 함께한 기억만큼 깊고 오래가는 힘을 가진 것은 없습니다.

윌리엄 아돌프 부게로, 〈조개껍데기 *The Seashell*〉, 1871년

삶의 위로가 되는 어린 시절 추억

조개껍데기를 귀에 댄 아이는 바닷소리를 듣는 듯하지만, 어쩌면 엄마의 사랑을 듣고 있는지도 몰라요. 그 소리는 아이 마음 깊이 스며들어, 훗날 삶이 거칠고 힘들 때 잔잔한 파도처럼 일렁이며 따뜻한 위로가 될 것입니다.

09 찰스 디킨스, 『크리스마스 캐럴』

그날만큼은,
잠들어 있든 깨어 있든 선하든 악하든
배 위에 있는 이들 모두가 평소보다 친절한 말을 주고받았고,
각자의 방식으로 축제 분위기에 동참했고,
멀리 있는 소중한 사람들을 떠올렸고,
그들도 자신을 기억하며 미소 지을 거라고 확신했다.

비고 요한센, 〈즐거운 크리스마스 Joyful Christmas〉, 1891년

나에게 주는 크리스마스 선물

쉴 틈 없이 달려온 시간을 잠시 멈추고 마음에 여유를 주세요. 스스로 자랑스러웠던 순간을 떠올리며 미소 지어보세요. 보고 싶은 사람을 떠올리며 사랑을 느껴보세요. 그 따스한 마음이 오늘 당신에게 주는 크리스마스 선물입니다.

10 라빈드라나트 타고르, 『기탄잘리』

나의 삶이 그저 담백하게, 정직한 것이 되게 하소서.
당신이 선율로 가득 채워 넣는 그 갈대 피리처럼.

칼 라르손, 〈브리타와 나 *Brita and Me*〉, 1895년

담백하고 정직한 삶이란

갈대 피리는 속이 비어 있기에, 더 큰 울림을 줍니다. 작은 웃음, 평범한 연대, 공기 같은 사랑은 일상에 잔잔한 선율이 흐르게 합니다.

가깝지도 멀지도 않은 선,
관계

01 앙투안 드 생텍쥐페리, 『어린 왕자』

무수한 별들 가운데 오직 하나의 별에만
피어난 꽃 한 송이를 사랑하는 이라면,
그 사람은 별들을 바라보는 것만으로도 행복할 거야.

빈센트 반 고흐, 〈별이 빛나는 밤 *The Starry Night*〉, 1889년

네 모습을 보는 것만으로도

밤하늘의 별이 아름다운 건 그 안에 사랑이 있기 때문입니다. 반 고흐에게도 밤하늘의 별은 바라만 봐도 행복감을 느끼는 존재였어요. 요동치는 사이프러스 나무 옆 노란 별은 그의 깊은 외로움을 달래주는 듯 고요하게 빛을 내고 있습니다.

02 윌리엄 셰익스피어, 『로미오와 줄리엣』

당신의 손은,
나의 보잘것없는 손으로는 닿을 수 없는 경건한 신전과도 같아요.
혹여 제 손길이 불편했다면,
수줍은 순례자처럼 머뭇대는 이 입술로
조용히 입맞춤하며 용서를 구하게 해주세요.

로렌스 알마 타데마, 〈더 이상 묻지 말아요 Ask Me No More〉, 1906년

사랑이 피어나는 찰나

서로의 눈빛이 마주치는 순간, 사랑은 살포시 피어납니다. 수줍은 시선과 떨리는 숨결이 은은하게 서로를 감싸안지요. 말하지 않아도, 그 눈빛이 모든 걸 이야기합니다. "더 이상 묻지 말아요."

03   F. 스콧 피츠제럴드, 『위대한 개츠비』

내 야망은 점점 희미해졌고, 사랑에 더 깊이 빠져들었어요.
이제는 세상사에 무심한 사람이 되어버렸어요.
내가 앞으로 뭘 할지 그녀에게 이야기할 수 있는 것만으로도 행복한데,
꼭 뭔가 대단한 걸 해야 할 이유가 있을까요?

에두아르 마네, 〈페르 라튀유 식당에서 At the Père Lathuille Restaurant〉, 1879년

위대한 일도 잊게 하는 당신

거창하게 품었던 세속적인 목표는 사랑 앞에서 서서히 희미해집니다. 주변의 모든 것이 흐릿해지고, 오직 한 사람만이 선명해집니다. 마네의 그림 속 청년은 몸을 낮춘 채, 사랑의 미래를 조심스럽게 그려보는 듯해요. 그 순간만큼은, 세상의 모든 위대함이 그녀를 향한 눈빛에 스며 있는 것 같습니다.

04 윌리엄 셰익스피어, 『햄릿』

말은 허공에 흩어지고,
마음은 땅에 머무는구나.
진심 없는 말이 어찌 하늘의 문을 두드릴 수 있을까.

구스타브 카유보트, 〈파리의 거리; 비 오는 날 Paris Street; Rainy Day〉, 1877년

신뢰를 주고받는 담백한 관계

카유보트는 가벼운 말이 아닌 온화한 행동으로 기억되는 인물입니다. 그는 자신을 내세우지 않으면서도, 인상주의 화가 친구들을 꾸준히 후원했어요. 동료들을 위해 기꺼이 헌신했습니다. 마치 비 오는 거리에서 말없이 신뢰를 주고받는 담백한 관계처럼, 그는 진심을 행동으로 보여주었습니다.

05 조지 버나드 쇼, 『피그말리온』

저는 그분을 탓하는 게 아니에요.
그건 그분의 방식일 뿐이죠, 그렇지 않나요?
하지만 대령님은 달랐고, 그 점이 제게는 큰 차이로 다가왔어요.
옷을 잘 입거나 말을 제대로 하는 건 누구나 배울 수 있지만,
정말 중요한 건 그 사람이 어떻게 행동하느냐가 아니라,
어떻게 대접받느냐에 달려 있다고 생각해요.
숙녀와 꽃 파는 소녀의 차이도 바로 거기에 있죠.

프랑수아 부셰, 〈마담 드 퐁파두르 Madame de Pompadour〉, 1756년

어떻게 대접받느냐에 따라

루이 15세의 두 번째 연인이었던 마담 드 퐁파두르는 미와 지성을 겸비해 왕실의 중심에 선 인물이었습니다. 그녀가 평민 출신이었는지, 혹은 왕의 정부였는지는 중요하지 않았어요. 예술과 사상에 깊은 관심을 가진 그녀는 계몽주의자들과 교류하며 문화를 이끌었습니다. 무엇보다도 궁정에서 존중받는 태도로 스스로의 품위를 지켜냈습니다. 결국 한 사람의 가치는 출신이 아니라, 어떤 대우를 받고 어떻게 자신을 세워나가는가에 달려 있어요.

06 안톤 체호프, 「바냐 아저씨」

주변엔 괴짜들만 가득해.
누구 하나 평범한 사람이 없어.
그렇게 별난 사람들과 한 2, 3년을 함께 지내다 보면,
어느 순간 나 자신도 모르게 나 역시 괴짜가 되어버려.
피할 수 없는 운명처럼.

장 오노레 프라고나르, 〈그네 *The Swing*〉, 1767~1768년경

괴짜가 판을 치는 세상에서

아름답기만 한 그림 속 인물들은 사실 괴짜들입니다. 여인은 바람을 즐기고, 남성은 욕망의 손길을 뻗습니다. 18세기 프랑스 귀족들은 그들만의 유흥에 빠졌고, 그것은 점차 자연스러운 삶의 방식이 되었어요. 그 안에 머무는 이들도 점점 물들어갔습니다. 삶은 누구와 함께하느냐에 따라 그 모습이 조금씩 달라지는 법입니다. 그렇다면, 지금의 나는 어떤 세계에 물들어가고 있을까요?

07 발타자르 그라시안, 『세상을 보는 지혜』

자신을 처음부터 다 보여주지 마라.
신비감은 당신의 가치를 높인다.
눈앞의 카드를 곧바로 펼치는 건 어리석은 짓이다.
정보를 조금씩 공개할수록 사람들은 더 기대하게 되고,
당신이 중요한 자리에 있다면 더욱 주목받게 될 것이다.
어떤 일에서든 신비로움을 살짝 더하는 것만으로
추앙받는 존재가 될 수 있다.

조르주 드 라 투르, 〈다이아몬드 에이스를 가진 사기꾼 The Cheat with the Ace of Clubs〉, 1630~1634년경

신비주의 전략

라 투르의 사기꾼은 순간을 노립니다. 하지만 고수는 전체 흐름을 염두에 둡니다. 인간관계에서 모든 걸 드러내는 건 이야기의 끝을 보여주는 일이에요. 숨김은 거짓이 아니라, 다음 페이지를 위한 여백입니다.

08　공자,『논어』

세 사람이 함께 있다면 그중 한 사람은 반드시 나의 스승이다.
그가 가진 장점은 익히고,
단점은 나 자신을 비추는 거울로 삼아야 한다.

레오나르도 다 빈치, 〈최후의 만찬 The Last Supper〉, 1495년

나를 단련시키는 관계

신뢰, 갈등, 사랑, 배신 등이 공존하는 〈최후의 만찬〉은 우리 모습입니다. 선한 의지는 본받고, 부족함은 반면교사로 삼아야 합니다. 모든 관계는 나를 단련시키고 성장하게 합니다.

09 제인 오스틴, 『오만과 편견』

허영과 오만은 종종 같은 말처럼 쓰이지만, 그 뜻은 꽤 달라.
허영이 없다고 해서 오만하지 않다는 건 아니야.
오만은 스스로 자신을 바라보는 태도에 관한 것이고,
허영은 남들이 자신을 어떻게 봐주길 바라는
마음에서 생기는 것이니까.

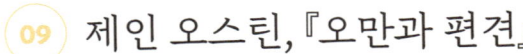

앙리 드 툴루즈 로트렉, 〈물랑루즈에서의 춤 At the Moulin Rouge, the Dance〉, 1890년

오만에 물들지 않도록

귀족 출신이었지만 신체적 장애로 편견의 대상이 되었던 로트렉은 세상의 오만함을 누구보다 깊이 경험했습니다. 그는 주변에서 배제당한 만큼, 타인을 함부로 판단하지 않았어요. 몽마르트의 무희, 가수, 창부들을 있는 그대로 받아들이며, 그들의 삶을 따뜻한 시선으로 화폭에 담았어요. 오만을 버리고 편견을 내려놓을 때, 서로의 빛나는 모습을 마주할 수 있습니다.

10 김구, 『백범일지』

지옥을 만드는 방법은 간단하다. 가까이 있는 사람을 미워하면 된다.
천국을 만드는 방법도 간단하다. 가까이 있는 사람을 사랑하면 된다.
모든 일이 가까이에서 시작된다.

오귀스트 르누아르, 〈그네 *The Swing*〉, 1876년

삶을 천국으로 만드는 법

사랑이 머무는 곳엔 빛이 반짝입니다. 가까운 사람에게 건넨 애정이 삶을 환하게 비춥니다. 관계의 온도가 곧 마음의 계절이 됩니다.

03

복잡한 듯 유려하게 흐르는 물결, 사회

01　레프 톨스토이, 「바보 이반」

이반의 나라에는 단 하나의 규칙이 있다.
손에 굳은살이 박인 자만이 식탁에 앉아 식사할 수 있다는 것.
그렇지 않은 자는 다른 사람이 남긴 음식을 먹어야 한다.

구스타브 카유보트, 〈대패질하는 사람들 *The Floor Scrapers*〉, 1875년

노동의 숭고한 가치

그림 속 사람들은 묵묵히 일합니다. 허리를 굽혀 나무를 밀어내는 몸짓은 마치 세상을 정직하게 다듬고 있는 것 같아요. 손바닥에 박인 굳은살은 삶을 책임지고자 애쓴 시간의 흔적입니다. 거친 만큼 단단한 의지의 상징이지요. 노동은 담담하게 세상을 지탱합니다. 노동은 숭고합니다.

02 조지 오웰, 『1984』

사상 경찰이 모든 사람을
항상 감시하고 있다고 믿는 것도 무리는 아니다.
실제로 그들은 원한다면 언제든 감시 장치를 설치할 수 있었다.
사람들은 자신이 말하는 모든 것이 도청되고,
어두운 밤이 아니라면 움직임 하나까지
감시당한다고 믿으며 살아야 했다.
그런 삶이 오랜 세월 반복되자,
감시 속에서 사는 것이 어느새 본능처럼 굳어져버렸다.

카지미르 말레비치, 〈스포츠맨 Sportsmen〉, 1931년

얼굴 없는 얼굴들에 둘러싸여

『1984』 속 사람들은 더 이상 감시를 피하려 하지 않습니다. 빅브라더의 감시에 오히려 익숙해져 살아갑니다. 두려움은 사라진 대신, 감시받는 삶이 일상이 되어버리지요. 말레비치의 그림을 보면, 얼굴 없는 인물들이 등장합니다. 표정도, 감정도, 생각도 보이지 않습니다. 마치 『1984』 속 사람들처럼 감시에 길들여진 존재들입니다. 감시는 결국 '얼굴'을 빼앗습니다. 우리도 지금, 사회가 정해준 색과 형태 속에서 진짜 나의 얼굴 없이 살아가고 있는 건 아닐지요.

03 존 스튜어트 밀, 『자유론』

어떤 문제에 대하여 세상의 거의 모든 사람이
같은 생각을 하고 있고, 오직 소수만이 다른 주장을 펼친다고 해도,
그 소수의 의견 안에는 모두가 주목해야 할
유익한 내용이 있다는 건 분명하다.
따라서 그들의 목소리가 사라지면,
인류는 중요한 진리를 함께 잃게 될 것이다.

디에고 벨라스케스, 〈시녀들 The Maids of Honor〉, 1656년

작은 목소리의 진리를 들으며

〈시녀들〉에서 공주를 둘러싼 시녀들은 단순한 배경이 아니라, 오히려 주인공처럼 근사해요. 난쟁이는 화면 전면에 배치되어 우리의 시선을 사로잡고, 왕과 왕비는 배경에서 조용히 물러섭니다. 커다란 캔버스 앞에서 벨라스케스는 소수의 목소리도 세상 밖으로 드러나야 한다고 말하는 듯합니다. 침묵하지 않는 소수 덕분에 세상은 진리에 한 걸음 가까워집니다.

마크 트웨인, 『허클베리 핀의 모험』

이건 고통스러운 순간을 불러왔다.
나는 편지를 들어 손안에 쥐었다.
몸이 떨렸다.
둘 중 하나를 택해야 했고, 마음은 이미 결론을 알고 있었다.
잠시 숨을 멈추고 1분 동안 깊이 생각한 뒤, 나는 조용히 중얼거렸다.
"그래, 나는 지옥을 가겠다."
그러고는 편지를 찢어버렸다.

쥘 바스티엥 르파주, 〈런던의 구두닦이 소년 The London Bookblack〉, 1882년

양심이 말하는 대로

허크는 자신의 양심을 따랐습니다. 그의 눈빛은 그림 속 빨간 자켓을 입은 소년과도 닮아 있었을 겁니다. 진실에서 멀어진 세상의 제도에 맞서며, 자기 결정을 향한 단단한 확신이 깃든 눈빛. 고통을 불사하더라도 끝까지 양심을 지키겠다는 의지를 보여줍니다. 그 눈빛이 인간다움이란 무엇인지 가장 순수하게 말해주는 것 같아요.

05　마하트마 간디, 『간디 자서전』

마치 코끼리가 개미의 잣대를 가지고 세상을 헤아린다면,
아무리 정성을 기울인다 해도 어쩔 도리가 없는 것처럼,
영국인이 인도인 시각으로 생각하거나
그들을 위한 법을 만든다는 것은 근본적으로 불가능한 일이다.

아메데오 모딜리아니, 〈큰 모자를 쓴 잔 에뷔테른 Portrait of Jeanne Hébuterne in a Large Hat〉, 1918년

세상을 바라보는 척도

세상의 기준은 하나일 수 없다고 간디는 말합니다. 모딜리아니는 길고 부드러운 선으로 그린 여인의 모습으로 그 사실을 증명합니다. 우리는 저마다 고유하게 존재하는 하나의 완전한 세계입니다. 서로의 다름을 존중할 때 세상은 더욱 풍요로워집니다.

06 너대니얼 호손, 『주홍글씨』

헤스터 프린에게 내려진 형벌은
일정 시간 동안 처형대 위에 서는 것이었다.
자신의 운명을 받아들인 그녀는 나무 계단을 밟아 올라갔다.
그러고는 남자의 어깨쯤 되는 자리에 올라서
군중 앞에 온몸을 드러냈다.
만약 이곳에 가톨릭 신자가 있었다면,
아기를 안은 이 고운 여인의 모습을 보며
성모 마리아를 떠올렸을 것이다.
예로부터 거장들이 경건히 그려낸 바로 그 장면처럼.

라파엘로 산치오, 〈시스티나 성모 Sistine Madonna〉, 1513~1514년

비록 세상이 나를 속일지라도

사회는 그녀를 낙인찍었지만, 영혼까지 꺾지는 못했습니다. 헤스터의 품에는 죄가 아닌 생명이 있었습니다. 그녀는 침묵 속에서도 당당했고, 단죄의 무대 위에서 오히려 인간의 존엄을 드러냈습니다. 위선으로 가득한 세상에서 그녀는 책임과 용기로 존엄을 지켜낸 존재였습니다.

07 장 자크 루소, 『인간 불평등 기원론』

나는 인간 사이에 두 가지 불평등이 있다고 생각한다.
하나는 자연의 법칙에 따라 정해지는 것으로,
나이, 건강, 체력, 지성 또는 감성의 차이에서 비롯되는
신체적 또는 자연적 불평등이다.
다른 하나는 사람들 사이의 합의나 제도로 인해 만들어지는
도덕적, 정치적 불평등이다.
이 두 번째 불평등은 어떤 이가
더 부유하거나 존경받거나 권력을 가지거나,
혹은 일부가 다른 사람의 자유를 침해하면서까지 누리는
특권에 근거한다.

구스타브 쿠르베, 〈안녕하세요, 쿠르베씨 *The Meeting(Courbet)*〉, 1854년

불평등에 맞서며 당당하게

사회는 돈 많은 후원자와 가난한 예술가의 계급을 갈라놓았지만, 쿠르베는 꼿꼿한 자세와 한껏 치켜든 고개로 불평등에 맞섰습니다. 그의 한 걸음은 불평등을 뚫고 솟아오른 인간 존엄의 발현입니다.

08 아리스토텔레스, 『아리스토텔레스 시학』

희극은 우리보다 못한 인물을 모방하려 하고,
비극은 우리보다 나은 인물을 모방하려 한다.

후안 그리스, 〈기타 치는 할리퀸 *Harlequin with a Guitar*〉, 1919년

비극과 희극 사이에서

우리 모두는 조각난 광대일지도 모릅니다. 너무 무겁지도, 너무 가볍지도 않게 하루르는 무대 위에서 공연하는 존재. 비극을 감추고 웃으며, 희극 속에서도 은근히 울고자 합니다.

09 박지원, 『열하일기』

길에서 마주친 장사꾼의 거침없는 기백이
조선 사대부의 겉치레보다 훨씬 낫다.
학문이란 현실을 바로잡는 데 쓰여야지,
도덕을 과시하는 데 그쳐서는 아니 되느니라.

피테르 브뤼헬, 〈농부의 결혼식 *The Peasant Wedding*〉, 1566~1569년

생동하는 삶에서 발견하는 진가

조선의 실학자 박지원은 허례허식이 아닌 현실에 도움이 되는 실용적인 학문의 중요성을 말했습니다. 16세기 네덜란드 화가 브뢰헬 역시 소박한 농민들 모습에서 삶의 진정한 활력을 포착했어요. 두 시선은 삶의 진가는 화려한 외형이 아니라 생생한 일상에 깃들어 있다는 사실을 일깨워줍니다.

10 카를 마르크스, 『자본론』

지금껏 기계의 발명으로 인해
과연 어느 누가 하루하루의 고된 노동에서 해방되었는지 분명치 않다.

페르낭 레제, 〈어머니와 아이 Mother and Child〉, 1922년

기술 발전 너머의 인간다움

구조물처럼 굳어버린 어머니의 품. 기술은 삶의 수고를 덜어주었지만, 그만큼 마음을 기울이는 일에는 더 많은 노력이 필요해졌습니다. 최첨단 기술에 둘러싸인 지금, 우리의 심장 온도는 점점 더 차가워지고 있지는 않나요?

생명을 안아주는 너른 품, 자연

01 헨리 데이비드 소로, 『월든』

사람들이 수레와 헛간으로 숨으려 할 때, 그대는 구름 아래로 가라.
밥벌이를 생계 수단으로 여기지 말고 도락으로 취하라.
대지를 누리되 탐하지 말라.
신념도, 나아갈 용기도 없는 자들은
그 자리에 머무르며 삶을 흥정하고, 농노처럼 살아가는구나.

존 컨스터블, 〈건초 마차 The Hay Wain〉, 1812년

평화를 선물하는 자연

소유하지 않아도 평화를 선물하는 자연은 우리에게 삶의 태도를 가르쳐줍니다. 〈건초 마차〉 속 다그치지 않고 고요하게 흐르는 강은 무언가를 가지려 애쓰지 말고 질서와 여유 속에서 자연스럽게 살아가라고 말합니다. 남들 속도에 맞추지 말고, 자연의 리듬에 나를 맡겨도 좋습니다.

몽테스키외, 『법의 정신』

인간은 단순히 지적 존재로 간주할 수 없다.
인간은 먼저 육체를 통하여 물질적 자연법의 지배를 받는다.
그 후에 인간은 다른 생명들과 함께 자연이 부여한 법에 따라
존재하는 생물이다.

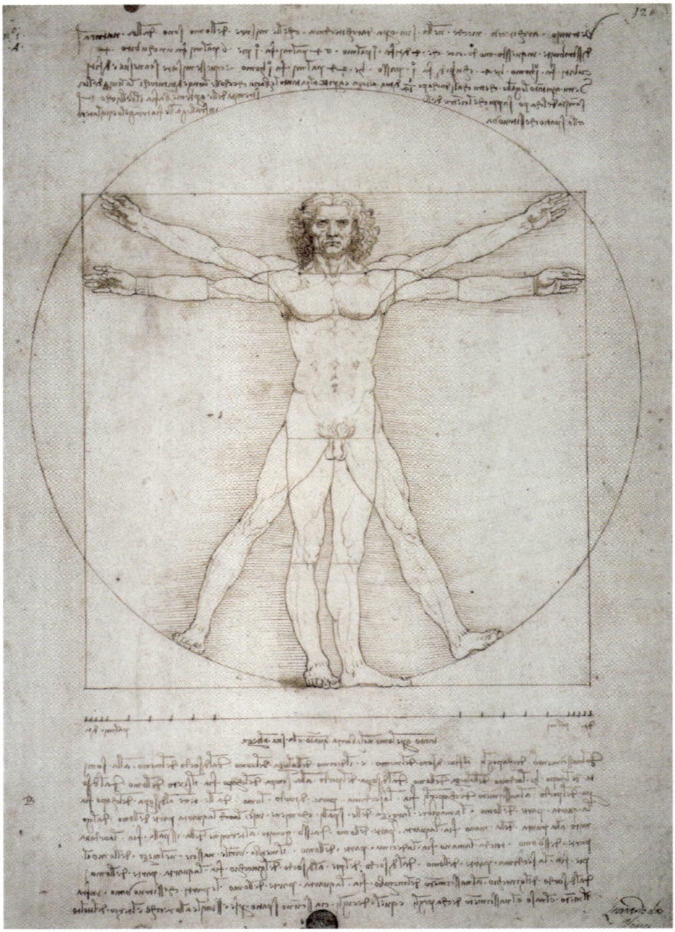

레오나르도 다 빈치, 〈비트루비우스 인간 Vitruvian Man〉, 1492년

인간의 몸에 깃든 질서로

인간은 우주의 축소판입니다. 다 빈치는 인간의 몸에 깃든 자연의 질서와 조화를 섬세하게 그려 냈습니다. 창조적인 인간은 세상에서 특별한 존재이지만, 그 지성과 상상력 또한 자연의 질서 속에서 피어납니다.

03 허먼 멜빌, 『모비딕』

오, 인간들이여! 고래를 숭배하고 본받으라.
얼음 속에서도 온기를 지키는 그를 따르라.
그대 또한 세상 속에 살되, 세상에 물들지 말라.
적도의 열기 속에서도 냉정을 잃지 말고,
극지의 추위 속에서도 따뜻한 피를 흐르게 하라.

클로드 로랭, 〈일출의 항구 *A Seaport at Sunrise*〉, 1639년

고래에게서 배우는 삶의 자세

거센 물살이 요동치는 세상에 모두가 흔들릴 때, 나는 중심을 잃지 않습니다. 세상의 물살에 흘러가되 휩쓸리지 않는 고래처럼, 나는 묵묵히 나아갑니다. 어둠과 빛이 교차하는 항구의 새벽처럼, 나는 내 안의 이성과 온기를 함께 품은 채 오늘도 출항합니다.

04 미셸 드 몽테뉴, 『몽테뉴 수상록』

인간의 육체는 하늘을 날 수 없다. 그것이 당신의 몫이다.
태양은 쉼 없이 궤도를 따라 움직이며,
바다와 육지는 서로 섞이는 법이 없다.
물은 모양도 없고 단단하지도 않다.
벽에 틈이 없다면 어떤 물질도 침투하지 못한다.
불 속에서 사람은 생명을 지킬 수 없다.
인간의 육체는 하늘과 땅과 여러 장소에 한꺼번에 존재할 수 없다.
이러한 질서는 하나님이 당신을 위해 마련하신 것이다.

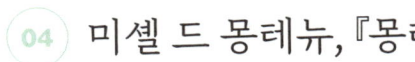

장 바티스트 카미유 코로, 〈모르트퐁텐의 추억 Recollection of Mortefontaine〉, 1864년

저마다의 자리에서

자연은 모든 존재에게 저마다의 자리를 부여합니다. 억지로 벗어나려 하기보다, 주어진 몫 안에서 순리에 따라 살아갈 때 하늘은 제 높이에서, 바람은 제 길에서, 사람은 제 자리에서 서로 어긋남 없이 조화를 이루며 살아갈 수 있습니다.

05 루크레티우스, 『사물의 본성에 관하여』

육체와 정신의 생동하는 능력은
결합되어 함께 번성하며 삶을 누린다.
정신은 육체 없이 자체만으로는
활력을 가진 운동을 이끌 수 없으며,
육체 역시 영혼 없이는 존속하거나 감각을 수행할 수 없다.

장 오귀스트 도미니크 앵그르, 〈샘 The Source〉, 1856년

조화로운 존재로서의 아름다움

물줄기를 타고 건강한 신체 속에서 생명의 에너지가 흘러나옵니다. 몸과 마음이 결합될 때, 그 조화 속에서 진정한 생명이 드러납니다. 신체는 단순한 형상이 아니라, 정신과 함께 살아 숨 쉬는 그릇입니다. 조화로운 존재야말로 삶의 깊이를 완성합니다.

레프 톨스토이, 『전쟁과 평화』

이토록 높은 하늘을 왜 나는 이전에 바라보지 못했던가?
하지만 이제라도 알게 되었으니, 이 얼마나 다행인가.
그래! 모든 것이 허무하다, 모든 것이 거짓이다.
이 무한한 하늘 말고는.
아니, 그 하늘조차도 없다, 아무것도 없다.
그저 정적과 평화만이 있을 뿐.
그것이면 충분하다!

존 컨스터블, 〈구름 연구 *Cloud Study*〉, 1822년

하늘에 근심을 흘려보내며

무거운 마음을 하늘에 맡겨보세요. 천천히 떠가는 구름에 실어 흘려보내세요. 오늘은 조금 쉬어 가도 괜찮아요.

07 이디스 워튼, 『여름』

너도밤나무가 산등성이를 덮어 옷 입히듯 자라나고,
수많은 전나무 가지 끝에는 연둣빛 솔방울이 통통하게 살이 올랐다.
숲 아래 바위 언덕엔 소귀나무가 새잎을 틔우고,
저쪽 들판에선 단풍터리풀과 노랑꽃창포의 싹이 얼굴을 내밀고 있었다.
수액은 부글부글 끓고, 잎집은 흙먼지 속 껍질을 벗었으며,
꽃받침은 금세라도 터질 듯 부풀어 올라 숲은 온갖 향기로 가득 찼다.

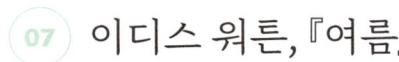

프레드릭 칼 프리스케, 〈정오의 휴식 Repose at Noonday〉, 1911년경

계절의 변화를 알아차리는 시선

바쁜 일상에서도 어김없이 싹이 트고 꽃이 피는 계절이 옵니다. 잠시 멈춰 자연의 일부가 되어보세요. 계절이 속삭이는 소리에 조용히 귀 기울여보세요. 그 변화를 알아차리는 순간, 시간 속에 여백이 생깁니다.

08 맹자,『맹자』

군자가 도(道)에 따라 사물의 이치를 깊이 탐구하는 것은
그것을 스스로 깨닫기 위함이다.
스스로 깨닫게 되면, 사물을 대하는 마음이 편안해진다.
편안해지면, 거기서 얻고 쌓는 것이 깊어진다.
얻고 쌓는 것이 깊어지면, 가까운 데서 이치를 탐구하더라도
그 근본적인 이치에 이르게 된다.
그러므로 군자는 스스로 깨달음을 구하는 것이다.

알브레히트 뒤러, 〈어린 토끼 *Young Hare*〉, 1502년

사물을 대하는 안목

북유럽 르네상스의 거장 뒤러는 중세의 사고에서 벗어나, 작은 토끼 한 마리에서도 자연의 질서를 탐구하고자 했습니다. 그 시작은 털 한 올까지 살아 움직이는 듯한 정밀한 관찰이었어요. 철저하게 실증적 태도로 사물을 바라본 그는, 북유럽 르네상스의 과학적 정신을 예술로 구현해냈습니다. 고래를 관찰하다 병을 얻고 죽음에 이른 일화는, 그의 사유가 어디까지 갔는지를 보여줍니다.

09 잭 런던, 『야성의 부름』

그러나 벅에게는 위대한 지도자가 될 자질이 있었다.
그것은 바로 창의력이었다.
벅은 날 때부터 싸우는 본능을 지녔으나,
머리로도 싸울 줄 알았다.

프란츠 마르크, 〈눈 속의 시베리안 개들 Siberian Dogs in the Snow〉, 1909~1910년경

야성의 부름에 응답할 때

벅은 야생에서 생존을 넘어 자기 존재의 의미를 배웠습니다. 본능을 따르면서도 지성의 힘으로 자유를 찾았어요. 눈보라 같은 현실이 힘겹게 느껴지시나요? 이제 우리도 야성의 부름에 응답할 때입니다.

10 노발리스,『푸른 꽃』

자연은 누구 한 사람의 완전한 소유가 되기를 바라지 않아요.
한 개인의 소유가 되는 순간,
자연은 곧 악독한 독약으로 변질되고 맙니다.
그리하여 평화는 깨지고, 자연을 소유한 자는
세상을 자신의 것으로 만들려 광기에 빠지게 되지요.
끝없는 근심과 거칠고도 맹렬한 열정을 수반하면서 말이지요.

기욤 세냑, 〈향기로운 아이리스 *The Fragrant Iris*〉, 연도 미상

소유할 수 없는 푸른 꽃

노발리스의 '푸른 꽃'은 만질 수 없는, 마음으로 보는 꽃이었습니다. 자연을 가지려는 순간, 그 생명력은 사라집니다. 소유하려 하기보다 곁에서 머무는 법을 배워야 해요.

05

상상 너머 반짝이는 불꽃,
창조

01 지그문트 프로이트, 『꿈의 해석』

꿈속에서 경험한 감정은
깨어 있는 동안 느낀 감정에 전혀 뒤처지지 않는다.
꿈은 시각적 표상보다 정서적 경험을 통해 우리 정신에
더욱 강렬하게 직접적인 실재로 받아들여지길 요구한다.

앙리 루소, 〈꿈 The Dream〉, 1910년

실제보다 더 생생한 꿈에서

정글을 한 번도 가본 적 없는 루소는 꿈속에서 경험한 이국적인 정글 풍경을 그렸어요. 프로이트가 말했듯, 꿈은 때론 실제 경험보다 강렬한 감정의 파동으로 우리를 사로잡지요. 루소의 풍경은 현실 이상으로 조화로우면서 신비롭습니다. 꿈은 한계를 넘어 상상을 풀어주는 창조의 샘입니다. 깨어 있을 때보다 더 진실한 감정과 열망이 그 속에 숨어 있습니다.

02 샤를 피에르 보들레르, 「취하라」

지금, 취하라!
시간의 노예로 살기 싫으면 취하라.
멈추지 말고, 취하라.
술이든, 시든, 미덕이든, 당신이 원하는 무엇이든.

클로드 모네, 〈수련 Water Lilies〉, 1915년경

취하는 것의 미학

인상주의의 아버지 모네는 지베르니에 조성한 자신의 정원에서 정원사를 자처하며 직접 수련을 가꾸었습니다. 빛의 변화에 따라 찬란하게 변하는 수련의 색을 포착하는 데 몰두했지요. 30여 년 동안 250여 점이 넘는 수련 작품을 남겼고, 말년에 백내장으로 눈앞이 혼탁하게 보이는데도 수련 연작을 이어갔습니다. 모네는 수련에 취한 사람이었어요.

03 프리드리히 니체, 『차라투스트라는 이렇게 말했다』

나는 그대들에게 위버멘쉬를 설파하노라.
사람은 극복되어야 할 그 무엇이다.
그대들은 사람을 넘기 위해 무엇을 했는가?
지금껏 존재한 모든 것은 스스로를 넘어서 무언가를 창조해왔다.
그런데 그대들은 이 위대한 흐름을 거스르는 썰물이 되고자 하는가?
사람을 초월하기보다, 되레 짐승으로 되돌아가려 하는가?

미켈란젤로 부오나로티, 〈아담의 창조 The Creation of Adam〉, 1508~1512년

나를 넘어, 또 다른 나

조각가 미켈란젤로에게 시스티나 성당의 천장화 작업은 무모한 도전이었습니다. 그림 속 아담은 더 이상 수동적인 피조물이 아니라, 신의 손길을 이어받아 곧 자기 세계를 창조할 존재입니다. 니체가 말한 위버멘쉬, 끊임없이 자신을 극복하는 인간의 상징이지요. 아담은 곧 르네상스를 꽃피운 미켈란젤로였고, 미켈란젤로는 인간 정신의 부활을 몸소 증명한 초인이었습니다.

04 오스카 와일드, 『도리언 그레이의 초상 1890』

아름다움 속에서 추함을 읽어내는 사람은
즐거움을 누릴 줄 모르는 타락한 사람이다.
그건 잘못이다.
아름다움 속에서 아름다움을 발견하는 사람만이
진정 교양 있는 사람이다.

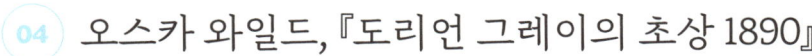

산드로 보티첼리, 〈비너스의 탄생 *The Birth of Venus*〉, 1485년

아름다움을 발견하는 눈

아름다움의 탄생은 그것을 바라볼 줄 아는 눈에서 시작됩니다. 있는 그대로 그저 감탄하는 것만으로도 충분합니다. 그 순간, 우리는 비너스의 우아한 시선과 마주하고, 도리언의 음흉한 미소에서 멀어집니다.

05 마르셀 프루스트, 『잃어버린 시간을 찾아서』

나는 문학의 모든 소재가 다름 아닌 내 지난 삶임을 깨달았다.
그것들은 하찮은 기쁨, 나태함, 다정함, 고통 속에서
내 안에 축적되어 있었지만,
마치 식물을 자라게 하는 영양분을 품은 씨앗보다도 더,
나는 그것들의 쓸모나 잠재적 가능성을
상상조차 하지 못했다는 걸 알았다.

장 시메옹 샤르댕, 〈비눗방울 Soap Bubbles〉, 1733~1734년

예술이 되는 일상의 순간들

비눗방울처럼 곧 사라질 일상의 순간은 예술이 됩니다. 스쳐 지나간 감정과 기억은 시간이 지난 뒤에야 비로소 그 가치를 드러냅니다. 예술은 잃어버렸던 시간을 영원히 반짝이는 보석으로 만들어줍니다.

06 볼테르, 『캉디드 혹은 낙관주의』

여기서 안 되면, 다른 방법을 생각해봐야죠.
새로운 걸 보고 경험하는 건 언제나 즐거운 일이잖아요.

앙리 마티스, 〈달팽이 *The Snail*〉, 1953년

안 되면 다른 방법으로

마티스는 일흔이 넘어 지독한 관절염을 앓으며 더 이상 붓을 들기가 어려웠어요. 그러나 그는 병상에서도 멈추지 않고 새로운 길을 모색했습니다. 바로 색종이를 오리고 붙이는 작업이었습니다. 색과 형태로 표현한 이 작업 방식은 오히려 더 대담하고 자유로웠습니다. 단순한 나선형 속에 생명력과 즐거움이 넘치는 〈달팽이〉가 탄생했거든요.

07 칼 구스타프 융, 『칼 융 레드 북』

남의 본을 따라 사는 사람에게는 생명력이 없다.
그는 결국 다른 사람 인생을 사는 것이다.
당신이 당신 삶을 살지 않으면, 누가 당신 삶을 살겠는가?
그러니 당신 자신의 삶을 살아라.

파르미자니노, 〈목이 긴 성모 Madonna with Long Neck〉, 1534~1540년경

생명력 넘치게 살아가는 법

어딘가 낯설고 어색한 그림. 긴 목의 마리아와 비례에서 벗어난 작은 인물들이 조화 대신 불균형을 이룹니다. 파르미자니노는 르네상스 대가들을 따르지 않고, 왜곡된 형태 속에 자신만의 길을 선택했습니다. 모방이 아닌 어긋남은 예술이 되었고, 그 안에서 전에 없던 생명력이 피어났습니다.

08 윤동주, 「빨래」

빨랫줄에 두 다리를 드리우고
흰 빨래들이 귓속 이야기하는 오후,
쨍쨍한 칠월 햇발은 고요히도
아담한 빨래에만 달린다.

카미유 피사로, 〈빨래 너는 여인 *Woman Hanging up the Washing*〉, 1887년

잔잔한 일상이 한 편의 시가 되어

눈을 감아보세요. 따사로운 햇살 아래 하얀 빨래가 바람의 리듬에 맞추어 춤을 추고 있어요. 햇살은 얼굴에 살포시 내려앉고, 뽀얀 향기는 코끝을 간질입니다. 반짝이는 햇살에 눈이 부십니다. 잔잔한 일상이, 시가 되고 그림이 됩니다.

09 알렉상드르 뒤마, 『검은 튤립』

튤립은 수려하고 찬란하고 화려했다.
줄기는 열여덟 치를 넘는 높이로 곧게 뻗어 있었다.
꽃은 매끈한 파란빛의 네 장 잎새 속에서 창날처럼 솟아올랐다.
흑옥처럼 검정 빛깔이 선연하게 빛났다.

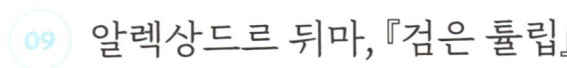

암브로시우스 보스샤르트, 〈꽃이 있는 정물 Still-Life with Flowers〉, 1618년

이 세상 단 하나의 아름다움

진정한 아름다움은 언제나 희소성에서 비롯된다고 하지요. 우리는 모두 검은, 아니 저마다의 색을 지닌 꽃입니다. 세상에 단 하나뿐인 당신은 존재만으로도 충분히 아름답습니다.

10 노자, 『도덕경』

진흙을 빚어서 그릇이 만들어진다.
그릇의 속이 비어 있기 때문에
비로소 그릇은 쓰임이 생긴다.

카지미르 말레비치, 〈검은 사각형 *Black Square*〉, 1915년

여백이 허락하는 풍부함

자신의 작품을 '회화의 영점'이라 부른 〈검은 사각형〉은 형태와 색을 극도로 단순화한 작품입니다. 침묵을 담은 이 사각형은 오히려 더 많은 것을 말합니다. 비워둔 공간 속에 진정한 본질이 자리합니다.

삶의 결을 따라 쌓이는 빛, 지혜

01 요한 볼프강 폰 괴테, 『파우스트』

내가 어느 순간에
"멈춰라! 너는 정말 찬란하구나!"라고 말할 수 있다면,
그때 너는 나를 사슬로 묶어도 좋다.
나는 기꺼이 몰락을 택하리라!
그러면 죽음의 종이 치고
너는 종살이에서 해방된다.
시계는 멈추고 시곗바늘은 떨어지리라.
나의 시간이 다했으니!

앙리 마티스, 〈이카루스의 추락 The Fall of Icarus〉, 1945년

욕망의 끝에서 흔들리는

파우스트는 쾌락을 위해 순간을 선택했습니다. 이카루스는 자유를 향해 태양으로 날아올랐죠. 파우스트는 죽음을 맞이했고, 이카루스는 추락했습니다. 인간의 절대적 욕망 끝에는 종종 자신을 잃는 결과가 따릅니다. 진정한 만족은 욕망의 정점에 도달하는 것이 아니라, 그 욕망을 스스로 다스릴 때 비로소 시작됩니다.

02 헤르만 헤세, 『싯다르타』

외부로부터의 명령이 아닌, 내면의 소리에 응답하는 것.
이러한 태도를 지니는 것은 곧 선이며 필요한 것이다.
그 외엔 아무것도 더 필요하지 않았다.

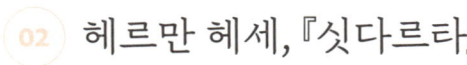

바실리 칸딘스키, 〈동심원이 있는 사각형 Squares with Concentric Circles〉, 1913년

마음의 소리에 기대어

마음 깊은 곳의 소리에 집중해보세요. 잔잔한 떨림으로 진솔하게 전해지는 그 소리는 세상의 소음 속에서 나를 잃지 않게 합니다. 그 흐름에 편안히 기대어보세요.

03 니콜로 마키아벨리, 『군주론』

'어떻게 사는가'와 '어떻게 살아야 하는가'는
서로 멀리 떨어져 있습니다.
그래서 실제로 행하는 것보다
해야만 한다고 믿는 것을 따르려는 사람은
권력을 유지하지 못하고 오히려 몰락하게 됩니다.
모든 면에서 선을 지키려는 사람은
악한 이들 속에서 살아남을 수 없습니다.
그러니 군주는 자신의 권좌를 지키고자 한다면
착하게 굴지 않는 법을 익혀야 하며,
필요할 때는 주저 없이 실행해야 합니다.

피트 몬드리안, 〈브로드웨이 부기 우기 *Broadway Boogie Woogie*〉, 1942~1943년

험난한 세상에서 착하지만 않도록

절대적인 선이나 완전한 질서는 존재하지 않습니다. 상황에 따라 유연한 전략이 요구됩니다. 완벽한 균형을 탐구하던 몬드리안은 브로드웨이에서 음악적 리듬을 작품 속에 담아냈어요. 우리 삶도 다르지 않습니다. 삶은 고정된 선이 아니라 유기적인 궤적입니다.

04 랄프 왈도 에머슨, 『자기 신뢰』

자기 생각을 믿는 것,
자신이 진실이라 여기는 것이
다른 모든 사람에게도 진실이라고 믿는 것.
그게 바로 천재다.

조르주 쇠라, 〈그랑드자트섬의 일요일 오후 Sunday Afternoon on the Island of La Grande Jatte〉, 1884~1886년

무엇보다 자신을 믿고

'예술가는 자연을 모방하는 것이 아니라, 그 본질을 표현해야 한다.'라는 신념 아래, 쇠라는 2년에 걸쳐 원색의 무수한 점을 찍어 한 편의 대작을 완성했습니다. 치열한 몰입은 자신을 믿는 힘에서 비롯되었습니다. 쇠라의 자기 신뢰는 지금도 우리에게 깊은 울림을 줍니다.

05 플라톤, 『국가론』

정의란 각자가 자기 소임을 다하는 것이고,
이는 국가와 개인 모두에게 동일하게 적용되는 법이지.
제화공은 구두를 만들고, 목수는 집을 짓는 일에 몰두함으로써
정의를 실현하는 것이네.
그러나 정의는 단지 외적 직분에만 국한된 것이 아니네.
진정한 정의란 인간의 내면에서 비롯되는 법.
자기 내면을 잘 다스리고
지배와 복종, 협력을 통해 마치 음들이 조화를 이루어
하나의 선율을 이루듯,
아름다운 질서를 만들어내는 일이지.

빈센트 반 고흐, 〈귀에 붕대를 감은 자화상 Self-Portrait with Bandaged Ear〉, 1889년

자기 소임을 다한다는 것

반 고흐에게 정의란, 화가로서 자신의 내면을 끊임없이 마주하고 그려내는 일이었습니다. 생전에 단 한 점의 그림밖에 팔리지 않았지만, 그는 아무도 찾지 않을 자화상을 수없이 남겼습니다. 자신의 역할에 충실하며, 고통 속에서도 스스로를 다스리기 위해 끝까지 붓을 들었습니다. 그의 삶은 말없이 정의를 실천해간 고결한 발자취였습니다.

06 김시습, 『구운몽』

일체의 지어진 법은
꿈이요, 환영과 같으며,
거품이요, 그림자와 같으며,
이슬이요, 또한 번갯불과 같으니
마땅히 이와 같이 볼지어다.

페테르 클라스, 〈정물 Still-Life〉, 1652년

거품 같은 삶을 살아가며

부귀영화와 명예는 깨지기 쉬운 유리잔 같고, 탐스럽던 과일도 시간이 지나면 썩기 마련입니다. 17세기 네덜란드 화가들은 바니타스 정물로, 15세기 조선의 김시습은 『구운몽』으로 삶의 허망함을 노래했어요. 헛되고 헛됨 속에 흔들리지 않는 삶의 가치는 무엇일까요?

07　E. H. 카, 『역사란 무엇인가』

어떤 산이 바라보는 각도에 따라 그 형태가 달리 보인다고 해서,
그 산이 객관적으로 아무 형상이 없거나
무한한 형상을 지녔다고 단정할 수는 없다.
해석이 사실의 확정에 본질적인 역할을 한다고 하여,
또한 존재하는 모든 해석이 완전히 객관적이지 않다고 하여,
모든 해석이 똑같다고 보거나
역사적 사실에 대한 객관적 해석은
원칙적으로 불가능하다고 말할 수는 없는 것이다.

폴 세잔, 〈생트 빅투아르 산 *Mont Sainte Victoire*〉, 1904년

완전히 객관적인 것은 없다는 것을

바위산 생트 빅투아르는 조각조각 덧붙인 패치워크처럼 보입니다. 세잔은 다양한 시선으로 자연의 본질을 좇았습니다. 카는 어떤 해석도 완전히 객관적일 수는 없지만, 진실에 다가가려는 노력을 포기해서는 안 된다고 말했습니다. 보는 각도는 달라도, 산이 그 자리에 있듯 삶의 본질 역시 묵묵히 그 자리를 지키고 있습니다.

08 조지 엘리엇, 『미들마치』

이 세상에 선이 늘어나는 것은,
일부는 역사에 기록되지 않은 행동들 덕분이다.
그리고 이 세상이 생각보다 덜 나쁘게 유지되는 이유의 절반은,
드러나지 않는 곳에서 신실하게 살아간 수많은 이들,
아무도 찾지 않는 무덤 속에 잠들어 있는 그들 덕분이다.

장 프랑수아 밀레, 〈만종 The Angelus〉, 1857~1859년

평화가 유지되는 이유

이름 없는 선이 오늘의 평온을 선물했습니다. 비록 보이지는 않지만, 분명히 존재하는 수고에 감사합니다.

09 호메로스, 『일리아스』

사람의 혀란 능란하여
그 안엔 온갖 이야기들이 가득하고,
그것들은 또한 이리저리 멀리까지 퍼져나가기 마련이지요.

로렌스 알마 타데마, 〈호메로스 읽기 A Reading from Homer〉, 1885년

나의 말은 번져나가

누군가의 한마디는 세상을 일으키는 빛이 되기도 하고, 세상을 무너뜨리는 칼이 되기도 합니다. 감정의 빛깔을 머금은 말은 듣는 이의 마음에도 스며들어, 그를 물들입니다. 내 안에서 태어난 말은 언제나 타인의 세계로 번져나갑니다.

10 심훈, 『상록수』

그렇다.
인생 문제는 그 자체인 인생의 머리로 해결짓지 못한다.
인류의 역사가 있은 후,
수많은 철학자와 사상가와 예술가가
머리를 썩이다가 실마리도 잡아보지 못한 문제다.
그것을 손쉽게 풀어보려고 덤비는 것부터 망령된 짓이다.

프레더릭 레이턴, 〈실타래 감기 Winding the Skein〉, 1878년경

정답 없는 인생을 풀어가며

심각할 필요 없어요. 당장 해결하지 않아도 괜찮습니다. 풀다가 엉키면 다시 풀고 다시 풀고. 당신 손끝의 속도를 믿어보세요.

영혼이 숨을 고르는 방,
고독

01 어니스트 헤밍웨이, 『노인과 바다』

노인은 머리끝부터 발끝까지 온통 늙어 있었다.
그러나 그의 두 눈만은 푸른 바다를 닮아, 생기와 불굴의 의지로 빛났다.

윈슬로 호머, 〈안개 경보 The Fog Warning〉, 1885년

끝까지 품어야 할 마음

호머의 그림 속 어부에서 노인의 얼굴을 봅니다. 성난 파도와 위협적인 자연의 경고에도 당당하게 맞서는 인간의 웅장한 힘에 감탄하게 됩니다. 불확실한 미래와 폭풍 같은 일상에 휘청일 때가 있지요. 그럴 때마다 끝까지 바다를 향해 나아갔던 노인의 묵묵한 의지를 떠올립니다.

02 안네 프랑크, 『안네의 일기』

내가 이렇게 일기를 쓰고 있다는 사실이 참 낯설게 느껴져.
그동안 일기를 써본 적도 없을뿐더러,
세상 사람들 중 열세 살 여자애의 말 따위에
관심을 둘 사람도 없을 테니까.
그런데도 나는 이렇게 계속 일기를 쓰고 싶어.
내 마음을 전부 털어놓고 싶어.
이게 왠지 나를 진짜 즐겁게 해.

헨리에트 브라운, 〈글을 쓰는 중; 애완용 금화조 *A Girl Writing; The Pet Goldfinch*〉, 1870년경

나만의 작은 새를 찾아

저널리스트와 작가를 꿈꾸었던 안네는 전쟁 속에서도 글쓰기를 멈추지 않았어요. 안네에게 글쓰기는 작은 새와 속삭이듯 마음을 나누는 행위였고, 두려움 속에서도 행복을 꿈꾸는 시간이었습니다. 지금 펜을 들어보세요. 당신의 마음에도 작은 새 한 마리가 날아올지도 모르니까요.

03 루이스 캐럴, 『이상한 나라의 앨리스』

"여기서 어느 쪽 길로 가야 하는지 알려줄래?"
고양이가 대꾸했다.
"그건 네가 어디로 가고 싶으냐에 따라 달라."

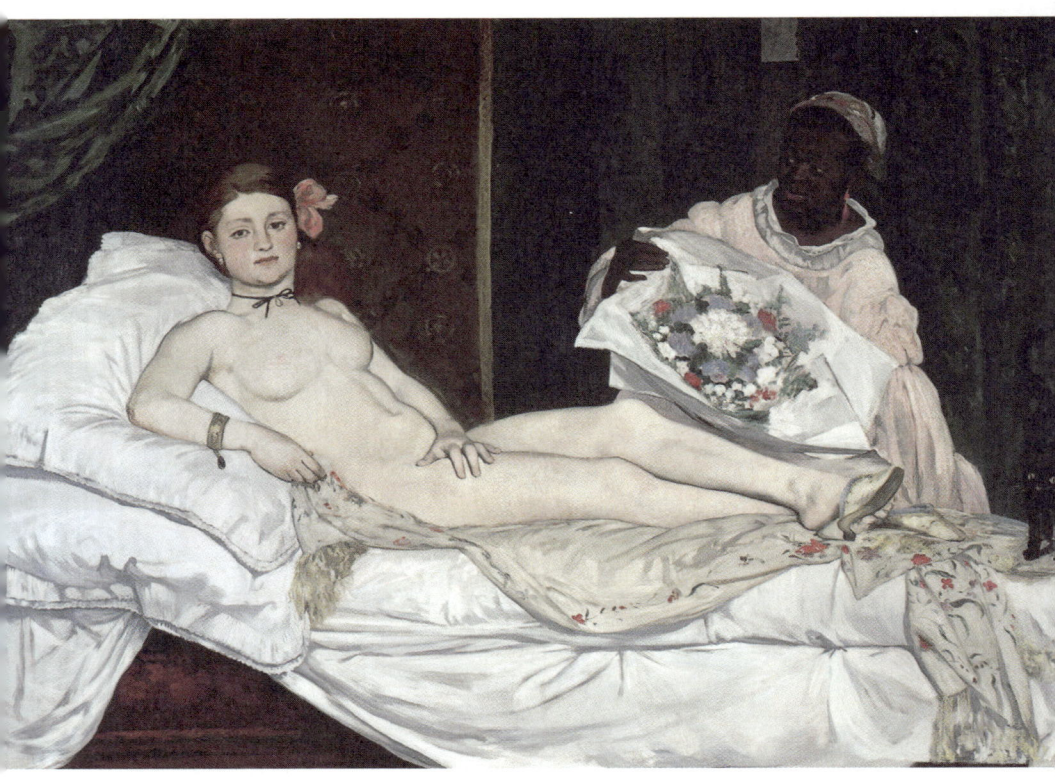

에두아르 마네, 〈올랭피아 Olympia〉, 1863년

내가 가고 싶은 곳으로

마네가 그린 여성은 신화 속 이상화된 비너스가 아니었습니다. 그는 노골적일 만큼 현실적인 여성을 화폭에 담았습니다. '천박하다'는 혹평에도 굴하지 않고 자신만의 스타일을 고수했어요. 마치 올랭피아의 발치에 앉은 검은 고양이를 향해 마네가 말하는 듯합니다. "어디로 가야 할지는 내가 정해!"

단테 알리기에리, 『신곡』

우리 인생길의 한가운데서,
나는 어둠으로 뒤덮인 숲속을 헤매고 있었다.
올바른 길을 놓쳐버렸기 때문이다.

카스파 다비드 프리드리히, 〈안개 바다 위의 방랑자 Wanderer above the Sea of Fog〉, 1818년

내가 마주한 길

방황의 순간을 담담히 마주할 때, 비로소 새로운 길이 열립니다.

05 라이너 마리아 릴케, 『말테의 수기』

나는 지금 알아가는 중이다.
보고 있는 것만으로는 부족하다는 것을.
우리는 사랑하는 일도, 죽는 일도,
살아가는 일조차도 모두 배워야 한다는 것을.

막시밀리앙 루스, 〈파리 센 강변 부두 Quayside by the Seine in Paris〉, 1899년

나를 감각하는 법을 배우며

몰락한 귀족 집안 출신 덴마크 시인 말테는 파리로 떠납니다. 화려할 줄 알았던 도시에서 그는 오히려 절망과 고독을 마주합니다. 차가운 그림자 속에서, 그는 자기 자신을 감각하는 법을 배워갑니다. 그러면서 삶은 더욱 선명해졌습니다.

06 장 자크 루소, 『고독한 산책자의 몽상』

그때부터 나는 늘 마음속에 고독을 향한 갈망을 품고 있었다.
내가 계획한 일은 오직 완전한 고립 속에서만 가능한 일이었다.
소란하고 분주한 사교의 장에서는 결코 이루어질 수 없었고,
깊고 조용한 명상이 반드시 전제되어야 했다.

알프레드 시슬레, 〈눈 내리는 루브시엔느 *Snow at Louveciennes*〉, 1878년

고요한 나만의 풍경 속에서

홀로 걷는 것만으로 세상의 소란이 잠잠해지고, 풍경은 고요히 나의 소리를 들어줍니다. 나만의 발자국 위에서, 나는 있는 그대로의 나를 만납니다.

나쓰메 소세키, 『나는 고양이로소이다』

무사태평한 듯 보이는 사람들도
마음 깊숙한 곳을 두드려보면 어디선가 슬픈 소리가 난다.

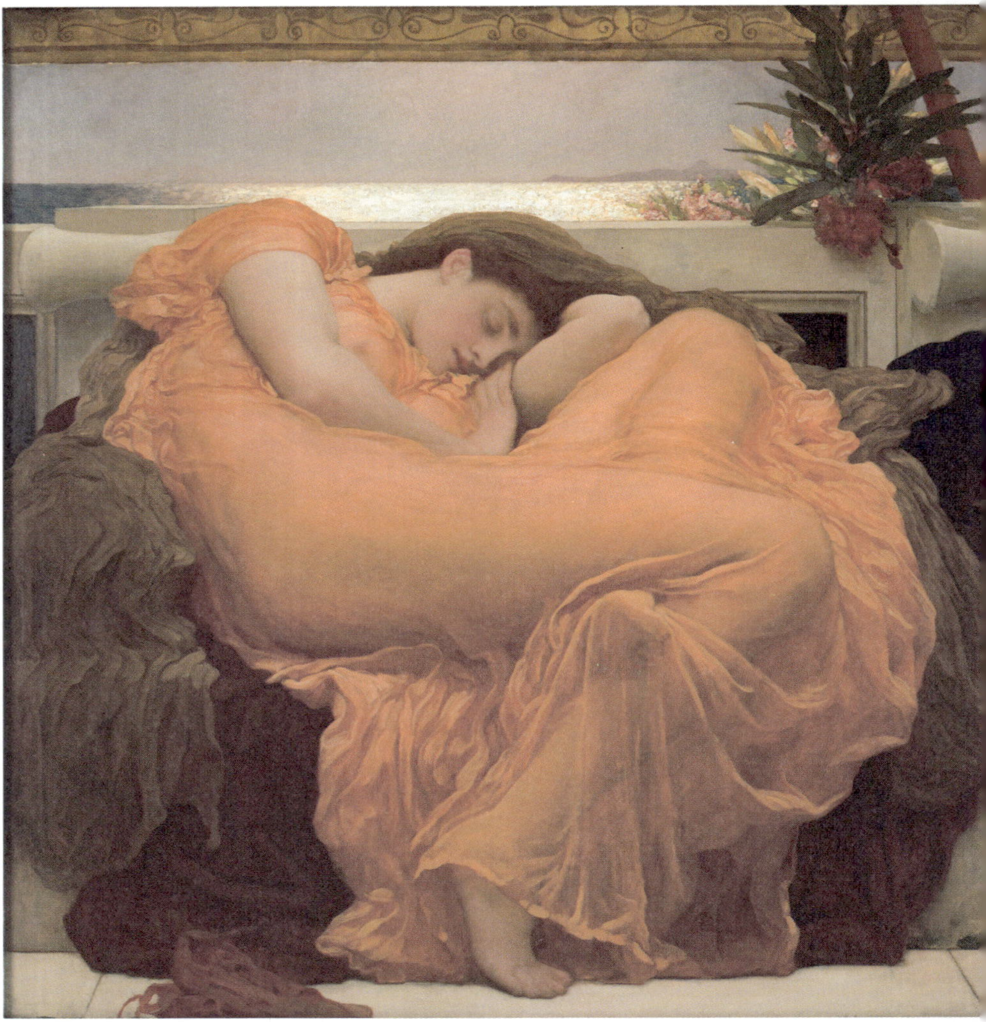

프레더릭 레이턴, 〈불타는 6월 *Flaming June*〉, 1895년

평안 안에 숨겨진 슬픔

그림 속 평온하게 낮잠에 취한 아름다운 여인 '도로시 딘'은 겉보기엔 고요하고 편안해 보입니다. 그러나 무대에서 연기를 하며 동생들을 돌보고, 끊임없는 구설수 속에 살아야 했던 그녀의 삶은 결코 평온하지만은 않았어요. 잠든 듯한 그녀의 모습은 오히려 그 고단한 현실로부터의 짧은 도피처럼 느껴집니다. 누구나 저마다의 상처와 슬픔을 안고 살아가는 법입니다.

08 스탕달, 『적과 흑』

지금 그의 가장 잔인한 적은 다름 아닌 그의 상상력이었다.
한때는 찬란한 성공의 환영을 끊임없이 그려내던 바로 그 상상력 말이다.

에드바르 뭉크, 〈절규 The Scream〉, 1893년

나의 가장 잔인한 적

"나는 자연을 뚫고 나오는 절규를 들었다." 걱정, 고통, 불안은 외부가 아닌 내 안에서 시작됩니다. 한때 빛을 그리던 상상력은, 어느 순간 깊고 검은 어둠을 창조하기도 합니다.

09 토머스 하디, 『테스』

사실 그녀가 괴로웠던 건 자연과는 무관한,
인간이 제멋대로 만들어낸 사회 규범이
그녀를 몰아세웠기 때문이다.
그 외에 그녀가 우울해야 할 이유는 없었다.

빌헬름 하메르스회, 〈젊은 여인의 뒷모습 Interior with Young Woman Seen from the Back〉, 1904년

내 안의 마음을 다스리며

가혹한 사회의 잣대에 희생당한 테스는 끝내 침묵을 거두고 고백을 택합니다. 그녀가 마주한 결단의 순간, 진실의 무게는 곧 고통 속에 살아온 삶의 무게였습니다. 하메르스회 그림 속 여인은 그런 테스를 닮은 것 같아요. 타인 앞에 나서기보다, 자신의 마음을 설득하고 오롯하게 용기를 품고 있는 듯합니다.

10 표도르 도스토옙스키, 『죄와 벌』

내가 정말 노파를 죽였단 말인가?
아니야. 난 나 자신을 죽인 거야.
노파가 아니라!
어쨌든 그 일로 나 자신을 완전히 박살 내버렸어.
단숨에, 그리고 영원히……!
그 노파를 죽인 건 악마였지.
난 아니었어…….

조르주 드 라 투르, 〈두 개의 불꽃 앞의 막달라 마리아 *Magdalene with Two Flames*〉, 1640년경

빛과 그림자 사이에서

양심 고백은 내면의 고통을 피할 수 없습니다. 어두운 침묵 속에서 피어오른 작은 불꽃은 격렬한 감정을 잠재우고 내면을 바라보게 하지요. 그림 속 거울에 비친 촛불은 외부 현실과 나면의 양심을 마주하는 듯합니다. 라 투르의 그림은 말합니다. "지금 자신을 돌아보라."

08

찰나 속에 머무는 깊은 호흡, 시간

 알베르 카뮈, 『이방인』

나는 하루하루가 얼마나 길면서도 짧을 수 있는지 미처 알지 못했다.
시간은 끈질기게 늘어져 흘러갔고,
하루하루는 넘쳐흘러 겹치며 쌓여갔다.
세월은 제 이름을 잃고 말았다.

폴 세잔, 〈검은 시계 The Black Clock〉, 1869년

검은 시계의 응시

우발적 살인으로 세상과 등진 '이방인' 뫼르소는 감옥에서 무색하게 흘러가는 시간을 경험합니다. 세잔의 정물화 속 '검은 시계'는 움직임 없이 멈춰버린 정물들 사이에서 의미 없는 시간을 응시하지요. 검은 시계는 오직 시간이 존재한다는 사실만을 말하고 있어요. 잊혀가는 하루들 속에서, 우리는 과연 지금 이 시간을 잘 살아내고 있는지 되묻게 합니다.

02 찰스 다윈, 『종의 기원』

수많은 멸종 생물들과 현재 살아 있는 생물들의 조상인
최초의 생명체가 출현한 이후로
흐른 시간에 견주어보면,
우리 역사는 그저 시간의 한 조각에 불과하다.

폴 고갱, 〈우리는 어디서 왔으며, 우리는 무엇이며, 우리는 어디로 가는가?
Where Do We Come From? What Are We? Where Are We Going?〉, 1897년

시간의 강 위에서

우주 속에서 인간은 한없이 작은 존재입니다. 유유히 흐르는 시간의 강에 잠시 머물다 가는 티끌에 불과하지요. 유한하기에, 하루하루가 더욱 소중합니다. 사랑을 찾고, 의미를 갈구하며 살아갑니다. 그리고 소멸하는 그날까지도 질문은 멈추지 않습니다. "우리는 어디서 와서, 어디로 가는 걸까요?"

03 앙드레 지드, 『지상의 양식』

저녁을 마주할 때는 마치 하루가 그곳에서 숨을 거두는 듯 바라보라.
아침을 맞이할 때는 마치 온 세상이 거기서 태어나는 듯 바라보라.
그대의 눈에 비치는 것이 매 순간 새롭기를.
현자란 모든 것에 경탄하는 사람이다.

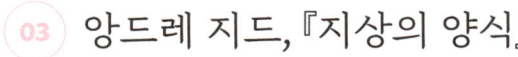

에드바르 뭉크, 〈태양 The Sun〉, 1909년

매 순간을 새롭게 바라보며

불안과 고통 속에서 살아갔던 뭉크는 눈부시게 떠오르는 태양 앞에서 매일 새롭게 태어났습니다. '절규'의 화가로 알려진 그는 그림으로 스스로를 치유하며, 결국 80세까지 삶을 이어갔습니다. 죽음의 그림자 속에서도 그는 끝내 찬란한 희망의 빛을 놓지 않았던 것이지요.

04 마르쿠스 툴리우스 키케로, 『어떻게 나이 들 것인가?』

인생의 길은 정해져 있네.
자연의 길은 단 하나이고, 우리는 그 길을 단 한 번만 걸을 수 있지.
인생의 매 시기에는 고유한 특성이 있네.
유년기엔 나약함, 청춘기엔 과감함,
장년기엔 신중함, 노년기엔 원만함이 깃드는 법.
이 모든 것은 때에 맞춰 거두어야 할 열매와 같다네.

주세페 아르침볼도, 〈봄 Spring〉, 〈여름 Summer〉, 〈가을 Autumn〉, 〈겨울 Winter〉, 1563~1573년

내 인생의 봄, 여름, 가을, 겨울

인생은 사계절과 같습니다. 소년기에는 봄의 여린 새싹처럼 가능성이 움트고, 청년기에는 여름의 열정처럼 대담한 모험으로 가득합니다. 장년기에는 그동안 쌓아온 것을 차분히 수확하고, 노년기에는 모든 것을 지나온 이만이 지닐 수 있는 깊은 원숙함이 스며 나옵니다. 우리는 계절마다 주어진 몫을 받아들이며, 자연의 순리에 따라 걸어갑니다.

05 토마스 만, 『마의 산』

날마다 같은 하루가 반복되는 것처럼 보이지만,
하루하루가 너무도 같기에 '반복된다'고 말하는 것은
사실 어울리지 않는다.
오히려 천편일률, 끝없는 현재, 혹은 '영원'이라 말해야 맞다.

클로드 모네, 〈루앙 대성당, 정면 입구(아침 효과) Rouen Cathedral, Facade(Morning Effect)〉, 1892~1894년
〈루앙 대성당, 서쪽 정문, 햇살 Rouen Cathedral - The Portal(Sunlight)〉, 1894년
〈루앙 대성당, 정면 입구 1 Rouen Cathedral, Facade I〉, 1892~1894년

영원한 현재 속에서

모네는 루앙 대성당을 통해 '반복 속에서도 다름'을 보여주었습니다. 시간은 지루하게 반복되는 것 같지만, 그 안에는 수많은 색이 숨어 있어요. 오늘, 미세하게 반짝이는 작은 빛의 차이를 찾아보세요.

06 마르쿠스 아우렐리우스, 『명상록』

매일, 오늘이 나의 마지막 날인 듯 살아가면서도,
거기에 초조함도 체념도 가식도 깃들지 않는다면,
그것이야말로 인격의 완성이다.

구스타프 클림트, 〈죽음과 삶 *Death and Life*〉, 1910년

생의 끝을 기억하며

마지막을 기억하며 살되 거짓 없이 평온한 삶을 살고 싶습니다. '메멘토 모리'

07 기 드 모파상, 『목걸이』

그 목걸이를 잃어버리지 않았다면 어땠을까?
그걸 어찌 알까? 누가 알겠는가?
삶이란 겉으로는 분명해 보여도, 증명할 수 없는 수수께끼 같은 것을!
얼마나 사소한 일이 인생의 파멸과 구원의 경계를 가르는지!

줄스 이폴리트 라벨, 〈거울을 들여다보며 *Looking in the Mirror*〉, 1897년

반짝이는 순간의 함정

반짝이는 목걸이 하나가 인생을 바꿀 줄 누가 알았을까요. 가짜의 빛은 너무도 찬란했고, 진실은 그늘 속에 숨어 있었습니다. 삶은 언제나, 가장 사소한 순간의 선택에서 달라집니다.

08 빅토르 위고, 『레미제라블』

생각이 하나의 관념으로 다시 떠오르는 것은 피할 수 없다.
그건 마치 바닷물이 다시 육지를 향해 몰려오는 것과 같다.
선원은 그것을 밀물이라 하고, 죄인은 그것을 후회라 한다.

차일드 하삼, 〈썰물, 쇼얼스 제도 Low Tide, Isles of Shoals〉, 1903년

되돌아보는 마음, 다가오는 내일

의도하지 않아도 생각은 늘 과거의 마음을 되짚어갑니다. 그 흐름 속에서 후회가 밀려오더라도 너무 두려워 마세요. 오고 또 밀려나는 썰물처럼, 후회되는 감정도 언젠가는 잦아듭니다. 이러한 과정을 지나며 좀 더 나은 내일로 나아갈 힘을 얻게 됩니다.

09 에밀리 브론테, 『폭풍의 언덕』

린튼에 대한 내 사랑은 숲을 뒤덮은 잎사귀 같아.
겨울이 오면 나뭇가지가 앙상해지듯,
세월이 흐르면 그 마음도 변하리라는 걸 알아.
하지만 히스클리프에 대한 내 애정은 땅속 깊이 박힌 바위 같아.
눈에 보이는 기쁨은 아닐지라도, 절대 없어서는 안 되는 거야.

외젠 부댕, 〈에트르타의 절벽 *The Cliffs at Etretat*〉, 1890년

깊고도 단단한 마음은

히스클리프에 대한 캐서린의 애정은 단단한 에트르타의 절벽 같았어요. 무겁고 단단했습니다. 예술가들이 그토록 사랑했던 에트르타 절벽처럼. 삶에서 중요한 감정은 순간의 불꽃이 아니라 오래도록 머무는 마음임을 깨닫습니다.

벤저민 프랭클린, 『벤저민 프랭클린 자서전』

나는 '절제' 덕분에 여전히 건강한 몸을 유지하고 있다.
'근면'과 '절약'을 습관 삼아
젊은 시절 어려움도 무사히 넘기고, 재산도 모았다.
지식을 쌓으며 유익한 시민으로 성장했고,
지식인들에게 높은 평가도 받았다.
'성실'하고 '정의'로운 행동으로 국가의 신뢰를 얻었고,
명예로운 직책을 맡았다.
비록 그 덕목들을 완벽하게 실천하지는 못했지만,
불완전한 상태에서도 그것들이 서로 영향을 주고받으며
내게 평정심과 사교 능력을 길러주었다.
지금도 많은 이들이 나와 어울리길 원하고,
젊은이들 또한 내 말에 귀를 기울인다.
그러니 내 후손들도 이 덕목들을 본받아
인생의 열매를 맺을 수 있으면 좋겠다.

에드가 드가, 〈르 펠레티에 거리 오페라 극장의 발레 교실 Dance Class at the Opera, rue Le Peletier〉, 1872년

매일 매일을 채우는 힘으로

절제, 근면, 성실 같은 덕목은 프랭클린의 삶에 새겨졌고, 드가의 무용수들은 그것을 몸으로 익혔습니다. 드가는 "예술은 영감보다 습관이다."라고 말하며 1,500점이 넘는 발레 장면을 그렸습니다. 가장 아름다운 몸짓은 지루할 만큼 반복된 무수한 연습 속에서 탄생합니다. 삶의 품격은 결국, 매일의 시간을 어떻게 채우느냐에 달려 있습니다.

09

나를 키우며 걷는 길,
꿈

01 미겔 데 세르반테스, 『돈키호테』

자유란 말이지, 산초.
인간에게 하느님이 내려주신 가장 고귀한 선물 중 하나일세.
땅속 깊이 묻힌 보물도, 바닷속에 숨겨진 황금도
그 자유와는 비교할 수 없다네.
명예와 마찬가지로,
자유를 위해서는 생명을 걸 수도 있고,
또한 생명을 걸어야만 한다네.

자크 루이 다비드, 〈알프스를 넘는 나폴레옹 Napoleon at the SaintBernard Pass〉, 1805년

자유를 지키기 위해서라면

자유를 지키는 건 삶을 향한 의지를 굳건히 세우는 일입니다. 돈키호테는 조롱 속에서도 고개를 들었고, 나폴레옹은 전장의 바람을 가르며 우뚝 일어섰습니다. 둘은 무모할지라도 끝내 앞으로 나아갔습니다. 그 어떤 명예보다 소중한 신념, 자유를 향하여.

02 쥘 베른, 『80일간의 세계 일주』

이 여행에서 그가 얻은 건 과연 무엇일까?
무엇을 가지고 돌아왔는가?
사람들은 아무것도 얻지 못했다고 말할까?
확실히, 한 아름다운 여성을 제외하면 얻은 것이 없었다.
하지만 믿기 어렵겠지만,
그녀는 그를 세상에서 가장 행복한 남자로 만들어주었다.
사실 생각해보면, 우리는 종종 그보다 훨씬 하찮은 이유로
세계 일주를 하지 않던가?

폴 시냑, 〈마르세유의 항구 The Port of Marseille〉, 1907년

세계를 여행하는 단 하나의 이유

시냑은 항구를 사랑한 마음 하나로 남들이 하지 않던 점묘법을 선택했습니다. 당장의 이익은 없었지만, 그에게는 그것이 세상을 담는 가장 진실한 방식이었죠. 필리어스 포그가 사랑 하나로 행복해졌듯, 시냑도 자신의 방식으로 세계를 완성했습니다. 이익을 떠나 사랑하거나 꿈꾸는 무언가를 위한 항해가 행복한 삶의 단편이 아닐까요.

03 제임스 조이스, 『젊은 예술가의 초상』

분별력 없는 열정은 표류하는 배와 같다.

피테르 브뢰헬, 〈바벨탑 *The Tower of Babel*〉, 1563년

신중함이 이끄는 열정

내면에서 조율되지 않은 열정은 곧 혼란으로 이어집니다. 갈피를 잃은 열망은 결국 허무함만을 남깁니다. 열정은 위대하지만, 방향 없는 야망은 탑을 무너뜨릴 뿐입니다. 신중함은 열정을 목적지로 이끄는 방향키입니다.

헤르만 헤세, 『데미안』

당신의 운명은 바로 당신을 사랑하고 있어요.
언젠가 그것은 완전히 당신의 것이 될 거예요.
당신이 꿈꾸던 그대로요.
당신이 온 마음을 다해 충실하다면요.

조지 프레데릭 와츠, 〈희망 Hope〉, 1886년

꿈의 연주는 계속되어야

앞이 캄캄하고, 단 하나의 현만 남더라도 당신은 변함없이 꿈의 연주를 이어가야 합니다. 운명은 언제나 당신 편이니까요.

오비디우스, 『변신이야기』

운명의 여신은 행동하는 자의 편에 설 뿐,
기도로만 삶을 바꾸려는 자에겐 아무 말도 하지 않으신다.
누구라도, 그 길을 택하지 않겠는가.

존 윌리엄 워터하우스, 〈장미의 영혼 The Soul of the Rose〉, 1908년

가시에 찔려도 향기로운 꿈

행동 없는 열망은 향기 없는 꽃과도 같습니다. 여인은 가시에 찔릴 줄 알면서도 장미의 영혼을 온몸으로 받아들여요. 두려움보다 사랑이 앞섰고, 그 감정은 핏속 깊이 스며듭니다. 운명은 머뭇거림이 아닌, 상처를 감수하고 손을 내민 사람에게 응답합니다.

06 이상, 『날개』

아하, 그것은 내 인공의 날개가 돋았던 자국이다.
오늘은 없는 이 날개.
머릿속에서는 희망과 야심이 말소된 페이지가
딕셔너리 넘어가듯 번뜩였다.
나는 걷던 걸음을 멈추고
그리고 일어나 한 번 이렇게 외쳐보고 싶었다.
날개야 다시 돋아라.
날자. 날자. 날자. 한 번만 더 날자꾸나.
한 번만 더 날아보자꾸나.

에블린 드 모건, 〈밤과 잠 Night and Sleep〉, 1878년

다시 돋을 날개를 기다리며

절망의 밤이 찾아온다고 해서 꿈이 사라지지는 않습니다. 도약을 위한 잠깐의 쉼일 뿐. 지금은 다시 날개를 틔우는 시간입니다.

07 앙투안 드 생텍쥐페리, 『야간비행』

이봐, 로비노.
인생에 해결책 같은 건 없어.
앞으로 나아가는 힘만 있을 뿐이지.
그 힘이 생기면, 해결책은 자연히 따라온다네.

팔 시네이 메르세, 〈열기구 *The Balloon*〉, 1873년

그저 앞으로, 앞으로

완벽하게 준비되어 있지 않아도 우선 출발해보는 겁니다. 나아가다 보면 흐릿한 길도 하나씩 선명해집니다.

08 아쿠타가와 류노스케, 「참마죽」

인간은 때로 이루어질지조차 알 수 없는 욕망을 위해
평생을 바치기도 한다.
그것을 어리석다 비웃는 사람은 분명,
인생에 대한 방관자에 지나지 않는다.

렘브란트 반 레인, 〈34세 자화상 Self-Portrait〉, 1640년
〈63세 자화상 Self-Portrait〉, 1669년

인생의 주인으로 살아가는 것

야망으로 빛나던 눈빛은 어느새 삶을 관조하는 눈빛으로 바뀌었습니다. 성공의 정점에 서 있던 젊은이는 세월 앞에 초라한 노인으로 변했지만, 렘브란트는 끝내 그림에 대한 갈망을 놓지 않았습니다. 자신을 캔버스 앞에 세운 그는, 삶의 방관자가 아닌 치열하게 살아낸 참여자였습니다.

09　조반니 보카치오, 『데카메론』

인간의 탁월한 지혜는
단순히 과거나 현재의 사정을 아는 데 그치지 않습니다.
위대한 이들은 그 모든 것을 토대로
미래까지 통찰할 줄 아는 것을 최고의 지혜라고 생각합니다.

제시카 헤일러, 〈창가의 진달래 Rhododendrons by a Window〉, 연도 미상

내일을 꽃피우는 오늘

과거에 심었던 꿈의 씨앗은 오늘의 햇빛 속에서 자라고, 내일은 꽃이 됩니다. 떨어진 꽃잎마저 한때의 빛을 간직합니다. 그리고 그 향기는 먼 미래에까지 닿습니다.

10 슈테판 츠바이크, 『츠바이크의 발자크 평전』

내 삶의 모든 시기를 통틀어,
나는 언제나 내 불행보다 더 큰 용기를 느꼈다.

프란츠 마르크, 〈노란 소 The Yellow Cow〉, 1911년

다시 일어나고, 다시 도약하고

발자크는 하루 15시간 동안 글을 쓰며 예술혼을 불태웠습니다. 세상은 그에게 실패를 안겼지만, 그는 소설보다 더 위대한 삶의 이야기를 되돌려주었습니다. 마르크의 '노란 소'처럼 그는 용기 있는 창조자이자 끊임없이 도약하는 투쟁가였습니다.

10

소우주를 오롯이 담은 글, 나

01 다자이 오사무, 『인간 실격』

윤리 교과서에서 말하는 정의나 도덕 같은 건 내 관심사가 아닙니다.
나로선 서로 속이면서도 밝고 명랑하게 살아가는 사람들,
아니, 그렇게 살 수 있다고 믿는 사람들이 도무지 이해되지 않습니다.
인간은 끝내 내게 그 비결을 가르쳐주지 않았습니다.
그 방법만 알았더라면, 이렇게 인간을 무서워하지도,
필사적으로 비위를 맞추려 애쓸 일도 없었을 것입니다.
인간의 삶과 등을 지고,
매일 밤 지옥 같은 고통에 시달리지 않아도 되었겠지요.

제임스 앙소르, 〈가면에 둘러싸인 자화상 Self-Portrait with Masks〉, 1899년

가면에 둘러싸여 살아가는

『인간 실격』의 요조는 누구보다 세상과 어울리고 싶었지만, 자기혐오와 좌절에 사로잡힌 삶을 살아갑니다. '나'로 살아가는 법을 몰랐던 그는, 가면을 쓴 군중 속에서 실격당한 존재였습니다. 인간에 대한 절망에 둘러싸여 한없이 시렸던 그의 고백은 오늘날 수많은 내면의 목소리와 겹칩니다.

구스타브 플로베르, 『보바리 부인』

그녀의 눈이 이토록 크고, 이토록 어둡고,
이토록 깊었던 적은 지금껏 없었다.
알 수 없는 미묘한 감정이 그녀의 몸을 타고 흐르며,
그녀의 전부를 바꾸어놓은 것이다.
'그래, 애인이 있어! 내겐 사랑하는 사람이 있어!'

요하네스 페르메이르, 〈진주 귀걸이를 한 소녀 *Girl with a Pearl Earring*〉, 1665년

사랑이 머무는 나의 얼굴

사랑은 나를 빛나게 합니다. 눈빛에 온기를 더하고, 미소에 생기를 불어넣지요. 사랑 속에서 달라지는 나를 만나보세요.

03 일연, 『삼국유사』 중 「찬기파랑가」

열어젖히자 벗어난 달이
흰 구름 따라 흘러간 가장자리에
백사장 펼친 물가에
기파랑의 모습이 겹쳐져라.

일오천의 자갈벌에서
낭의 지니시오던
마음을 따르려 하나이다.

아, 잣나무 가지는 높아
서리 모를 당당한 기상이어라!

존 컨스터블, 〈느릅나무 몸통 연구 Study of the Trunk of an Elm Tree〉, 1821년

씩씩하게 우아하게

기파랑은 흰 구름을 따라 떠나는 달처럼 자유롭고도 고결했습니다. 서리에 아랑곳하지 않는 정신은 굳건하고도 씩씩했지요. 바람에 흔들릴지언정, 꺾이지 않는 그 마음을 닮고 싶습니다.

04 조나단 스위프트, 『걸리버 여행기』

마음이 심하게 요동쳤지만, 릴리펏을 떠올리지 않을 수 없었다.
그 나라의 백성들은 나를 산악 인간이라 부르며,
세상에 없던 경이로운 존재로 여겼다.
나는 그곳에서 제국의 함대를 단 한 손으로 제압할 수 있었고,
제국의 역사에 길이 남을 위업을 남기기도 했다.
그러나 이 나라에서 나는 한 명의 릴리펏이 되어
아주 하찮은 존재처럼 보일 것이니
나한테는 얼마나 부끄럽고 초라한 일인가.

파울 클레, 〈세네치오 Senecio〉, 1922년

조각난 얼굴들을 마주하며

어떤 곳에서는 우뚝 솟은 내가, 다른 곳에서는 하찮은 내가 되기도 합니다. 나는 어쩌면 주변 환경에 따라 달리 정의될지도 모르겠어요. 조각난 자아로 인해 혼란스러울 때도 있지만 영광을 누리던 어제의 나도, 초라해 보이는 오늘의 나도 모두 '나'입니다. 클레가 "나는 보이는 것을 그리는 것이 아니라, 보이게 만든다."라고 말했듯, 타인의 시선보다 더 중요한 것은 나를 이루는 조각난 얼굴들을 솔직하게 마주하는 일입니다.

05 샬럿 브론테, 『제인 에어』

당신이 저보다 나이가 많고 세상 경험이 많다고 해서
저에게 명령할 권리가 있다고 생각하지 않아요.
진정한 우월함은 시간과 경험을 어떻게 활용했는가에 달려 있으니까요.

수잔 발라동, 〈파란 방 *The Blue Room*〉, 1923년

우월함을 장착하는 법

발라동은 가난한 사생아로 태어나 열네 살부터 서커스 단원으로 생계를 이어갔습니다. 세탁부와 웨이트리스를 거쳐 예술가들 모델이 되었지만, 거기서 멈추지 않았어요. 그녀는 독학으로 그림을 익히며 자신만의 예술 세계를 만들어냈습니다. 〈파란 방〉의 여성처럼, 삶을 주도하는 태도는 그녀의 자부심이었어요. 진짜 우월함은 주어진 조건이 아니라, 그것을 어떻게 살아냈느냐에 달려 있습니다.

06 찰스 디킨스, 『두 도시 이야기』

최고의 시절이자 최악의 시절이었고,
지혜의 시대이자 어리석음의 시대였으며,
믿음의 세기이자 불신의 세기였고,
빛의 계절이자 어둠의 계절이었으며,
희망의 봄이자 절망의 겨울이었다.
우리 앞에는 모든 것이 있었고,
우리 앞에는 아무것도 없었으며,
우리는 모두 천국으로 향하고 있었고,
우리는 모두 천국과는 반대 방향으로 가고 있었다.

프리다 칼로, 〈두 명의 프리다 *The Two Fridas*〉, 1939년

아프면서도 행복한 나날

부서짐은 열정으로 타올랐습니다. 시린 고통은 예술로 피어났습니다. 사랑은 나를 아프게 했지만, 동시에 붙드는 힘이 되었습니다. 상처는 나를 무너뜨렸고, 다시 일으켜 세웠습니다. 이 모순 속에서 우리는 아프면서도 행복합니다.

07 루쉰, 『아Q정전』

'스스로를 경멸하고 업신여기는 데에는'이라는 구절을 빼고 보면,
'제일가는 사람'이라는 말만 남게 되므로,
그는 스스로를 세상에서 최고라고 여겼다.

미켈란젤로 메리시 다 카라바조, 〈나르키소스 Narcissus at the Source〉, 1559년경

있는 그대로의 나를 바라보며

왜곡된 자아 인식은 삶을 그르칩니다. 패배를 승리로 착각해 환상에 안주한 아Q, 자신의 모습에 매몰되어 고립된 나르키소스, 이 둘은 진정한 자아를 잃었습니다. 자신을 있는 그대로 바라보는 용기는 참된 삶으로 안내합니다.

08 로버트 루이스 스티븐슨, 『지킬 박사와 하이드 씨』

나는 이중적인 존재였지만, 결코 위선자는 아니었다.
나의 두 얼굴은 모두 진심이었다.
스스로를 억제하지 못하고 부끄러움 속으로 빠져드는 나 역시,
대낮의 밝은 빛 아래서 학문에 힘쓰고
타인의 고통을 덜어주려 애쓰는 나와 다를 바 없었다.
그 둘 모두가 나 자신이었다.

오딜롱 르동, 〈꽃; 양귀비와 데이지 Flowers; Poppies and Daisies〉, 1867년경

두 얼굴 속의 진실

양귀비는 찬란히 피어나면서도 그늘을 품고 있습니다. 겉과 속을 함께 이해할 때, 우리는 온전한 존재를 봅니다.

헨리크 입센, 『인형의 집』

나는 나도 당신처럼 먼저 인간이라고 생각해요.
적어도, 그렇게 되기 위해 노력할 겁니다.

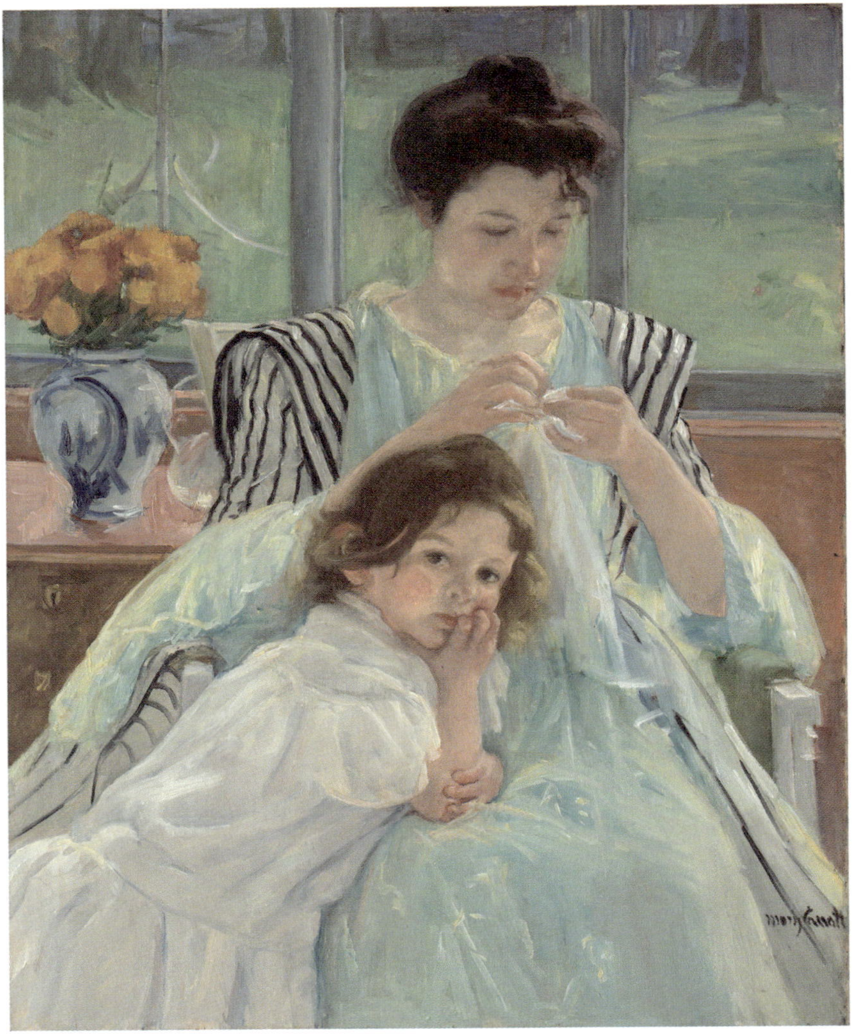

메리 카사트, 〈젊은 엄마의 바느질 Young Mother Sewing〉, 1900년

먼저 나로 살고자 할 때

엄마로서, 아빠로서, 혹은 딸로서 책임을 다하기 전에, '나' 자신을 먼저 바라보세요.

10. 버지니아 울프, 『자기만의 방』

서두를 필요 없어요.
억지로 재치를 부릴 필요 없어요.
자기 자신 말고 다른 사람이 되려고 애쓰지 않아도 돼요.

잭슨 폴록, 〈연보랏빛 안개 넘버 1 *Lavender Mist Number 1*〉, 1950년

나만의 방식으로, 나만의 리듬으로

누군가의 방식에 나를 가두지 마세요. 감정을 억누르지 말고 자유롭게 흐르게 두세요. 나의 호흡으로 살아가세요. 그렇게 그려진 삶 속에 진짜 내가 존재합니다.

작품 목록

1. 곳곳에서 피어나는 꽃, 기쁨

루시 모드 몽고메리, 『빨강 머리 앤』	16쪽	알폰스 무하, 〈봄〉
루이자 메이 올콧, 『작은 아씨들』	18쪽	오귀스트 르누아르, 〈보트 파티에서의 오찬〉
진 웹스터, 『키다리 아저씨』	20쪽	호아킨 소로야, 〈해변의 아이들〉
이광수, 『무정』	22쪽	이반 아이바조프스키, 〈아홉 번째 파도〉
홍자성, 『채근담』	24쪽	모리스 드니, 〈아침 식사〉
정약용, 『목민심서』	26쪽	미켈란젤로 메리시 다 카라바조, 〈과일 바구니〉
에피쿠로스, 『에피쿠로스 쾌락』	28쪽	존 싱어 사전트, 〈카네이션, 백합, 백합, 장미〉
표도르 도스토옙스키, 『카라마조프 가의 형제들』	30쪽	윌리엄 아돌프 부게로, 〈조개껍데기〉
찰스 디킨스, 『크리스마스 캐럴』	32쪽	비고 요한센, 〈즐거운 크리스마스〉
라빈드라나트 타고르, 『기탄잘리』	34쪽	칼 라르손, 〈브리타와 나〉

2. 가깝지도 멀지도 않은 선, 관계

앙투안 드 생텍쥐페리, 『어린 왕자』	38쪽	빈센트 반 고흐, 〈별이 빛나는 밤〉
윌리엄 셰익스피어, 『로미오와 줄리엣』	40쪽	로렌스 알마 타데마, 〈더 이상 묻지 말아요〉
F. 스콧 피츠제럴드, 『위대한 개츠비』	42쪽	에두아르 마네, 〈페르 라튀유 식당에서〉
윌리엄 셰익스피어, 『햄릿』	44쪽	구스타브 카유보트, 〈파리의 거리; 비 오는 날〉
조지 버나드 쇼, 『피그말리온』	46쪽	프랑수아 부셰, 〈마담 드 퐁파두르〉

안톤 체호프, 「바냐 아저씨」	48쪽	장 오노레 프라고나르, 〈그네〉
발타자르 그라시안, 『세상을 보는 지혜』	50쪽	조르주 드 라 투르, 〈다이아몬드 에이스를 가진 사기꾼〉
공자, 『논어』	52쪽	레오나르도 다 빈치, 〈최후의 만찬〉
제인 오스틴, 『오만과 편견』	54쪽	앙리 드 툴루즈 로트렉, 〈물랑루즈에서의 춤〉
김구, 『백범일지』	56쪽	오귀스트 르누아르, 〈그네〉

3. 복잡한 듯 유려하게 흐르는 물결, 사회

레프 톨스토이, 「바보 이반」	60쪽	구스타브 카유보트, 〈대패질하는 사람들〉
조지 오웰, 『1984』	62쪽	카지미르 말레비치, 〈스포츠맨〉
존 스튜어트 밀, 『자유론』	64쪽	디에고 벨라스케스, 〈시녀들〉
마크 트웨인, 『허클베리 핀의 모험』	66쪽	쥘 바스티엥 르파주, 〈런던의 구두닦이 소년〉
마하트마 간디, 『간디 자서전』	68쪽	아메데오 모딜리아니, 〈큰 모자를 쓴 잔 에뷔테른〉
너대니얼 호손, 『주홍글씨』	70쪽	라파엘로 산치오, 〈시스티나 성모〉
장 자크 루소, 『인간 불평등 기원론』	72쪽	구스타브 쿠르베, 〈안녕하세요, 쿠르베씨〉
아리스토텔레스, 『아리스토텔레스 시학』	74쪽	후안 그리스, 〈기타 치는 할리퀸〉
박지원, 『열하일기』	76쪽	피테르 브뢰헬, 〈농부의 결혼식〉
카를 마르크스, 『자본론』	78쪽	페르낭 레제, 〈어머니와 아이〉

4. 생명을 안아주는 너른 품, 자연

헨리 데이비드 소로, 『월든』	82쪽	존 컨스터블, 〈건초 마차〉
몽테스키외, 『법의 정신』	84쪽	레오나르도 다 빈치, 〈비트루비우스 인간〉
허먼 멜빌, 『모비딕』	86쪽	클로드 로랭, 〈일출의 항구〉
미셸 드 몽테뉴, 『몽테뉴 수상록』	88쪽	장 바티스트 카미유 코로, 〈모르트퐁텐의 추억〉
루크레티우스, 『사물의 본성에 관하여』	90쪽	장 오귀스트 도미니크 앵그르, 〈샘〉
레프 톨스토이, 『전쟁과 평화』	92쪽	존 컨스터블, 〈구름 연구〉
이디스 워튼, 『여름』	94쪽	프레드릭 칼 프리스케, 〈정오의 휴식〉

맹자, 『맹자』	96쪽 알브레히트 뒤러, 〈어린 토끼〉
잭 런던, 『야성의 부름』	98쪽 프란츠 마르크, 〈눈 속의 시베리안 개들〉
노발리스, 『푸른 꽃』	100쪽 기욤 세냑, 〈향기로운 아이리스〉

5. 상상 너머 반짝이는 불꽃, 창조

지그문트 프로이트, 『꿈의 해석』	104쪽 앙리 루소, 〈꿈〉
샤를 피에르 보들레르, 『취하라』	106쪽 클로드 모네, 〈수련〉
프리드리히 니체, 『차라투스트라는 이렇게 말했다』	108쪽 미켈란젤로 부오나로티, 〈아담의 창조〉
오스카 와일드, 『도리언 그레이의 초상 1890』	110쪽 산드로 보티첼리, 〈비너스의 탄생〉
마르셀 프루스트, 『잃어버린 시간을 찾아서』	112쪽 장 시메옹 샤르댕, 〈비눗방울〉
볼테르, 『캉디드 혹은 낙관주의』	114쪽 앙리 마티스, 〈달팽이〉
칼 구스타프 융, 『칼 융 레드 북』	116쪽 파르미자니노, 〈목이 긴 성모〉
윤동주, 「빨래」	118쪽 카미유 피사로, 〈빨래 너는 여인〉
알렉상드르 뒤마, 『검은 튤립』	120쪽 암브로시우스 보스샤르트, 〈꽃이 있는 정물〉
노자, 『도덕경』	122쪽 카지미르 말레비치, 〈검은 사각형〉

6. 삶의 결을 따라 쌓이는 빛, 지혜

요한 볼프강 폰 괴테, 『파우스트』	126쪽 앙리 마티스, 〈이카루스의 추락〉
헤르만 헤세, 『싯다르타』	128쪽 바실리 칸딘스키, 〈동심원이 있는 사각형〉
니콜로 마키아벨리, 『군주론』	130쪽 피트 몬드리안, 〈브로드웨이 부기 우기〉
랄프 왈도 에머슨, 『자기 신뢰』	132쪽 조르주 쇠라, 〈그랑드자트섬의 일요일 오후〉
플라톤, 『국가론』	134쪽 빈센트 반 고흐, 〈귀에 붕대를 감은 자화상〉
김시습, 『구운몽』	136쪽 페테르 클라스, 〈정물〉
E. H. 카, 『역사란 무엇인가』	138쪽 폴 세잔, 〈생트 빅투아르 산〉
조지 엘리엇, 『미들마치』	140쪽 장 프랑수아 밀레, 〈만종〉
호메로스, 『일리아스』	142쪽 로렌스 알마 타데마, 〈호메로스 읽기〉
심훈, 『상록수』	144쪽 프레더릭 레이턴, 〈실타래 감기〉

7. 영혼이 숨을 고르는 방, 고독

어니스트 헤밍웨이, 『노인과 바다』	148쪽	윈슬로 호머, 〈안개 경보〉
안네 프랑크, 『안네의 일기』	150쪽	헨리에트 브라운, 〈글을 쓰는 중; 애완돌 금화조〉
루이스 캐럴, 『이상한 나라의 앨리스』	152쪽	에두아르 마네, 〈올랭피아〉
단테 알리기에리, 『신곡』	154쪽	카스파 다비드 프리드리히, 〈안개 바다 위의 방랑자〉
라이너 마리아 릴케, 『말테의 수기』	156쪽	막시밀리앙 루스, 〈파리 센 강변 부두〉
장 자크 루소, 『고독한 산책자의 몽상』	158쪽	알프레드 시슬레, 〈눈 내리는 루브시엔느〉
나쓰메 소세키, 『나는 고양이로소이다』	160쪽	프레더릭 레이턴, 〈불타는 6월〉
스탕달, 『적과 흑』	162쪽	에드바르 뭉크, 〈절규〉
토머스 하디, 『테스』	164쪽	빌헬름 하메르스회, 〈젊은 여인의 뒷모습〉
표도르 도스토옙스키, 『죄와 벌』	166쪽	조르주 드 라 투르, 〈두 개의 불꽃 앞의 막달라 마리아〉

8. 찰나 속에 머무는 깊은 호흡, 시간

알베르 카뮈, 『이방인』	170쪽	폴 세잔, 〈검은 시계〉
찰스 다윈, 『종의 기원』	172쪽	폴 고갱, 〈우리는 어디서 왔으며, 우리는 무엇이며, 우리는 어디로 가는가?〉
앙드레 지드, 『지상의 양식』	174쪽	에드바르 뭉크, 〈태양〉
마르쿠스 툴리우스 키케로, 『어떻게 나이 들 것인가?』	176쪽	주세페 아르침볼도, 〈봄〉, 〈여름〉, 〈가을〉, 〈겨울〉
토마스 만, 『마의 산』	178쪽	클로드 모네, 〈루앙 대성당, 정면 입구(아침 효과)〉, 〈루앙 대성당, 서쪽 정문, 햇살〉, 〈루앙 대성당, 정면 입구 1〉
마르쿠스 아우렐리우스, 『명상록』	180쪽	구스타프 클림트, 〈죽음과 삶〉
기 드 모파상, 『목걸이』	182쪽	줄스 이폴리트 라벨, 〈거울을 들여다보며〉
빅토르 위고, 『레미제라블』	184쪽	차일드 하삼, 〈썰물, 쇼얼스 제도〉
에밀리 브론테, 『폭풍의 언덕』	186쪽	외젠 부댕, 〈에트르타의 절벽〉

| 벤저민 프랭클린, 『벤저민 프랭클린 자서전』 | 188쪽 | 에드가 드가,〈르 펠레티에 거리 오페라 극장의 발레 교실〉 |

9. 나를 키우며 걷는 길, 꿈

미겔 데 세르반테스, 『돈키호테』	192쪽	자크 루이 다비드, 〈알프스를 넘는 나폴레옹〉
쥘 베른, 『80일간의 세계 일주』	194쪽	폴 시냐, 〈마르세유의 항구〉
제임스 조이스, 『젊은 예술가의 초상』	196쪽	피테르 브뢰헬, 〈바벨탑〉
헤르만 헤세, 『데미안』	198쪽	조지 프레데릭 와츠, 〈희망〉
오비디우스, 『변신이야기』	200쪽	존 윌리엄 워터하우스, 〈장미의 영혼〉
이상, 『날개』	202쪽	에블린 드 모건, 〈밤과 잠〉
앙투안 드 생텍쥐페리, 『야간비행』	204쪽	팔 시네이 메르세, 〈열기구〉
아쿠타가와 류노스케, 「참마죽」	206쪽	렘브란트 반 레인, 〈34세 자화상〉, 〈63세 자화상〉
조반니 보카치오, 『데카메론』	208쪽	제시카 헤일러, 〈창가의 진달래〉
슈테판 츠바이크, 『츠바이크의 발자크 평전』	210쪽	프란츠 마르크, 〈노란 소〉

10. 소우주를 오롯이 담은 그릇, 나

다자이 오사무, 『인간 실격』	214쪽	제임스 앙소르, 〈가면에 둘러싸인 자화상〉
구스타브 플로베르, 『보바리 부인』	216쪽	요하네스 페르메이르, 〈진주 귀걸이를 한 소녀〉
일연, 『삼국유사』 중 「찬기파랑가」	218쪽	존 컨스터블, 〈느릅나무 몸통 연구〉
조나단 스위프트, 『걸리버 여행기』	220쪽	파울 클레, 〈세네치오〉
샬럿 브론테, 『제인 에어』	222쪽	수잔 발라동, 〈파란 방〉
찰스 디킨스, 『두 도시 이야기』	224쪽	프리다 칼로, 〈두 명의 프리다〉
루쉰, 『아Q정전』	226쪽	미켈란젤로 메리시 다 카라바조, 〈나르키소스〉
로버트 루이스 스티븐슨, 『지킬 박사와 하이드 씨』	228쪽	오딜롱 르동, 〈꽃; 양귀비와 데이지〉
헨리크 입센, 『인형의 집』	230쪽	메리 카사트, 〈젊은 엄마의 바느질〉
버지니아 울프, 『자기만의 방』	232쪽	잭슨 폴록, 〈연보랏빛 안개 넘버 1〉

단단한 나를 만드는 고전 명화 필사 노트

초판 1쇄 발행 2025년 10월 20일

지은이 박은선
펴낸이 한승수
펴낸곳 문예춘추사

편집 구본영
디자인 스튜디오 페이지엔
마케팅 박건원, 김홍주

등록번호 제300-1994-16
등록일자 1994년 1월 24일
주소 서울특별시 마포구 동교로 27길 53, 309호
전화 02 338 0084
팩스 02 338 0087
메일 moonchusa@naver.com

ISBN 978-89-7604-758-8 03800

* 이 책에 대한 번역·출판·판매 등의 모든 권한은 문예춘추사에 있습니다.
  간단한 서평을 제외하고는 문예춘추사의 서면 허락 없이 이 책의 내용을 인용·촬영·녹음·재편집하거나 전자문서 등으로 변환할 수 없습니다.
* 책값은 뒤표지에 있습니다.
* 잘못된 책은 구입처에서 교환해 드립니다.